高效学习

7堂课让孩子成为学习高手

韩国凤 著

中国纺织出版社有限公司

内 容 提 要

本书结合作者30年的教学经验，针对孩子日常的学习效率、学习习惯、学习热情、学习动力、情绪管理、学习兴趣等问题，精心搜集和整理了32个代表性的案例，通过“案例故事、对家长说、对孩子说”三个模块，对以上问题进行分析、解惑，并给出合理、有效的建议，旨在让父母和孩子共同学习成长。

图书在版编目（CIP）数据

高效学习：7堂课让孩子成为学习高手 / 韩国风著
. --北京：中国纺织出版社有限公司，2024. 6
ISBN 978-7-5229-1757-3

Ⅰ. ①高… Ⅱ. ①韩… Ⅲ. ①学习方法 Ⅳ.
①G442

中国国家版本馆CIP数据核字（2024）第089622号

责任编辑：刘 丹　　责任校对：寇晨晨　　责任印制：储志伟

中国纺织出版社有限公司出版发行
地址：北京市朝阳区百子湾东里A407号楼　邮政编码：100124
销售电话：010—67004422　传真：010—87155801
http://www.c-textilep.com
中国纺织出版社天猫旗舰店
官方微博 http://weibo.com/2119887771
天津千鹤文化传播有限公司印刷　各地新华书店经销
2024年6月第1版第1次印刷
开本：880×1230　1/32　印张：7
字数：140千字　定价：58.00元

序

亲爱的读者朋友，你好，当你拿起这本书，读到我的文字的时候，我们的友情就开始了。非常高兴能和你成为朋友。我想，或许你是一位家长，一位关注孩子成长的家长。孩子在成长过程中，会遇到许多问题，我想这本书一定能够给你一些启发。或许你是一名中学生，在你的成长过程中，遇到过很多烦恼，别急，在我的书里你也许能找到答案。

我是一名工作了 30 年的中学教师，担任班主任工作 27 年。看到这个数字，你也许会想："这么长时间！你是怎么熬过来的？"因为，在大家的眼中，班主任是非常辛苦的岗位。而在我看来，班主任工作固然辛苦，但是能帮助孩子解决问题，看着孩子们变得越来越好，是我最大的快乐！我的微信好友中，90% 以上都是家长和学生，他们成了我交际圈的重要组成部分。这样的交际圈是不是太狭窄了呢？当然不是。

我的交际圈里充满了故事。

一天，我正在办公室里备课，突然接到了王永强妈妈的电话。我刚接通电话，就听到她激动的声音："韩老师，我在校门口，麻烦您出来一下！"我走了出去。她看到我，快步走过来，和我紧紧地拥抱在一起。她的眼里满是泪水。“韩老师，我今天是路过这里，忽然想起咱们一起陪伴强强成长的日子！我就特别想见您，抱抱您！再次向您说声谢谢！强强在国防科技大学发展得特别好，他也让我代他再说声谢谢！”我们在校门口合影，然后，她就乘车离开了。

再讲一个故事。

那天是元旦。联欢会结束后，我和孩子们一起打扫完教室，回到办公室，发现办公桌上有一个小盒子，盒子上贴着一张小纸条："老师，这是我昨晚亲手做的小蛋糕。送给您做新年礼物，祝您新的一年每天都是甜甜的！”还画了一颗小爱心。是小茵送的！

这就是我和家长、和学生的情感！强强曾经是那么淘气，带着飞车玩具到教室，让小车在教室里横冲直撞，同学们都跟着追逐叫喊，教室里一片乱糟糟！小茵多次因为考试成绩哭鼻子，总觉得自己不够好。我和家长们沟通，告诉家长如何去做、去看，最终我们的努力是有成果的！我和家长、学生之间的真挚情感让我们彼此感觉到幸福。

书里的故事是真实事件的记录，只是用了化名。也许我的学生们能从中找到他们自己的影子。这些真实的事件往往没有那么光彩，但这就是生活。生活中的故事往往很平实、很亲切、很接地气儿，但也最能给我们启发。

我在此书中给大家介绍的方法，均来自第一手的实践总结，也是在实践中证明确实有效的方法。这些“招数”并不难，很容易操作；道理也并不深奥，很容易理解。人们常说："大道至简。”大道理都是极其简单的，简单到一两句话就能说明白。也许你会发现，这些“招数”有点笨。正如曾国藩一生崇尚的做事哲学为“尚拙”，愿意在做事情的时候下笨功夫。

陪伴孩子成长也要如此。没有任何家长、教师有点石成金的“魔法”。无论孩子多么优秀，他也要一天一天成长；无论方法多么有效，也要一点一点渗透，然后才有效果。陪伴孩子成长没有速成法，即使在生活中做事有捷径，培养孩子也一定不能抄近道。但培养孩子一定有最合适的方法。所以，家长一定要多学习、多研究，最合适的方法才会有最好的效果。

在教育孩子的过程中，只采用单一的方法往往效果较弱，所以要“多法并用”“多法相融”。我常常告诉家长们，培养孩子的过程就像运用中医进行治疗。首先要辨证论治，找到问题的根源，同病不同人，其施治方法也绝不会相同。在熬制药物时，往往是多药配合，文火武火适当使用，耐心熬制才会有好的药效。每个孩子都是独立的个体，其在成长中遇到的问题也各不相同。我们要研究问题的根源，细心选择方法，耐心观察教育效果，直到孩子变得更好。

例如，超超迷上了手机游戏。在班级上交手机以便统一管理的时候，他上交了手机壳，企图瞒天过海。当他把自己的手机偷偷拿出来要玩游戏的时候，被我发现了，我拿走了他的手机。

怎么办?

我和超超妈妈商议了一个办法。

在超超妈妈面前，我严肃告诉超超：“这个手机要由老师保管，必须到期末考试结束，才能还给你。”超超妈妈点头同意。

然后，我悄悄把手机给了超超妈妈，让她放到家里保管。

妈妈告诉爸爸来共同解决问题。爸爸给超超讲道理，在允许超超使用家中另一部功能没有那么强大的（爸爸淘汰的）手机的情况下，达成使用协议，由爸爸妈妈共同监督。在一切顺利进行时，家中又达成了奖励积分制，如果超超执行的情况很好，则可以按天数得到积分，达到一定积分后，超超可以得到奖励。

在老师和父母的共同坚持下，超超逐渐摆脱了手机困扰。超超妈妈不断向我汇报超超的进步。最后，作为大奖励，我提前将手机还给超超。

归还手机的过程是这样的：妈妈先到学校将手机交给我，我将手机放到抽屉里；然后，当超超在场时，我从抽屉里把手机拿出来，郑重归还给他。超超没有看出任何破绽！他特别高兴！

在这个案例中，我们用了批评法、协议法、奖励法，还有白色谎言法，多法并用，才取得了好的教育效果。

教育也不可急于求成。当下的教育，也许不能有立竿见影的效果，但是，我们不能放弃，而是要相信，我们对孩子所做的教育、所给的关爱，一定会在某个时刻被他感受到，让他有转变。这就是教育的魔力。

现在回到最基本的问题：为什么要写这本书呢？答案很简单：把好的教育办法告诉更多家长、更多孩子，让家长、孩子得到更多启示，让孩子学习更高效，家长更省心。在我的班级之外，还有许多的家长，许多的孩子，在面临着相同的或不同的问题。书中的故事可能就是自家孩子的类似经历，书中的好招可能正是自己所需。如果此书能为大家解决一个或几个问题，那也是我作为一位老教师、老班主任的人生意义。

本书编辑建议我，将语言尽量书面化一些，我是同意的。但是，在落笔的时候，我总是感觉大家就在我的身边，我们拉着家常，解决问题，就像我和身边的家长、学生一样。所以，语言总是稍显口语化，请见谅。

最后，我想说：陪孩子成长，我们共同在路上。

韩国风
2023 年 12 月

目录

第三章　有趣的同伴合作，让学习的热情更高涨

第四章　稳定的情绪控制，让学习的脚步更轻盈

第五章　科学的家校陪伴，让学习氛围更轻松

第一章

抓住问题的根源，让学习效率更高

人们常说：“对症下药。”

研究病症，找到确切症结所在，才能确定合适的用药方案，取得最好的治疗效果。试想一下，如果没有找到病症根源，随意施药，就会导致病程延长甚至身体损伤，当然还会浪费药剂。

学习过程也是如此。学习过程是不断发现问题、解决问题的过程。但是，大家在解决问题时，是否找到了问题的根源？

孩子的某科成绩不太好。家长总是责备孩子学习不努力，批评孩子上进心不足。事实上，“学习不努力，上进心不足”只是泛泛的评价，不能给予孩子切实可行的指导。我们应该静下心来思考，问题的根源在哪里：是孩子对这个学科的兴趣不高？是学科本身难度大，孩子无法适应？还是孩子不太喜欢这个学科的教师？导致孩子成绩不高的原因有很多。问题的根源不同，其解决办法也不同。如果只是简单地说“你要努力，你要上进”，能根本解决问题吗？答案是否定的。

孩子的作业总是拖到很晚才能完成。家长总是在旁边说：“快点，你快点！”事实上，“快点”只是一种催促，并没有告诉孩子如何才能提高速度。我们要仔细观察，孩子为什么做作业特别慢：是在深入思考？是写作业不专注，总是边写边做其他的事情？还是由于上课没有认真听讲，不能解答作业中的问题？不同原因，有着不同的解决办法。

是否抓到了问题根源，找到了解决问题的关键，对于如何最快、最高效地解决问题来说至关重要。

有的人眉毛胡子一把抓，结果往往是付出很多，收效甚微，即使事情能做成，也要付出很多的时间和精力。与此相反，有的人不管遇到什么问题，都能以最快的速度，抓住问题的关键，并采取相应的措施，再棘手的问题也能很快解决。

有时候，我们会被问题的表面现象迷惑，觉得无从下手。事实上是没有抓住问题的关键。这就如武侠小说中的“点穴”法。虽然用力不多，但因为正中要害，所以能够一发制胜。所以，遇到难题时，寻找问题的“穴点”，并采取相应的措施，十分必要。

从根源上解决学习中的问题，一定能更好地提升学习效率！

第一节　做事总是拖拉？一起成为时间规划师吧

孩子拖拉、磨蹭，这是很多家长都头疼的问题，家长急得跺脚，孩子却置若罔闻，不紧不慢，这让家长心中的无名之火不断上升！拖拉、磨蹭也会给孩子自己带来烦恼，例如，在家长的催促下做事容易混乱、规定任务总是不能按时完成，形成挫败感。不过，这些是可以改善的！家长可以引导孩子们从小事做起，让孩子认识到时间的珍贵，学会合理规划时间、科学利用时间，这样就能避免拖拉、磨蹭的现象。

案例故事

璐璐同学有这样的习惯：他明明知道手中有许多需要做的事情，但总是要拖到最后才去做。

某天，他放学回到家里，先看手机，再吃水果，四十分钟就这样过去了。在他刚要看一看自己喜欢的漫画书的时候，听到了妈妈的催促声。

妈妈已经看着他许久了，本来不想提醒他，可是，看着时间就那样流逝，而璐璐却一点也不着急，妈妈终于忍不住了。

“璐璐，你作业多不多？能不能抓紧时间写作业啊！”

“作业不是很多，您别着急，我一会儿就写。”

璐璐说完，躺在了床上。他多想现在睡一觉啊！但那肯定是不行的。只好在这里发会儿呆吧！

“璐璐，快些写作业吧，不要总是磨磨蹭蹭的！”妈妈的声音里已经有了不耐烦。

“好的，我马上开始！”璐璐答应着，从床上坐起来，来到书桌前。可是璐璐又想先去一下洗手间。妈妈看着他，眼里写满了焦急。璐璐只能当作没看见，心里想：我总要上厕所的吧。

璐璐又坐在了桌前。他决定先写数学作业，因为数学作业一向比较难，他想趁着自己精力最充足的时候，先把它完成。可是，那道题刚解了开头，就没有思路了。怎么办？他想到了自己的好朋友刘昊。在上课的时候，刘昊回答了老师的许多问题，他肯定知道如何解答。璐璐拿起了手机，给刘昊发信息：“嘿，今天篮球课上你好帅啊！”

“嘿嘿，一般般吧。”刘昊很快回复了信息，然后他们就聊起了篮球。过了一会儿，璐璐忽然想到，自己不是要问刘昊数学题吗，怎么一直在聊篮球啊！于是他赶紧说起了那道数学题。

“你是在询问同学问题吗？什么问题需要这么长时间？”妈妈又在催促了。

“是呀，数学题比较难。”璐璐虽然嘴上这么说，心里有些发虚。

“你肯定在骗我，你肯定又玩游戏了！”妈妈忍不住烦躁起来：“我就坐在这里看着你，看你是否还用手机聊天！”说完这句话，妈妈搬进来一把椅子，重重地坐在璐璐的书桌旁边，又说道：“你就一直在磨时间，你能不能加快速度，把作业写完啊！”

“您能不能不要这样！您也太不相信我了！您要在这里，我就不写了！”璐璐特别生气，甩脸上了床。

妈妈也生气了，一下子把璐璐从床上拉起来。

“您出去，您出去我就写作业！”璐璐还在坚持。

妈妈实在拗不过璐璐，只能走出房间。

璐璐又一次坐到了书桌旁。看一下墙上的表，已经9点多了。时间不知不觉就过去，可璐璐的作业才刚开始写。他现在不得不抓紧时间了。

可是，刚写了不久，困意袭来，上下眼皮好像变得很亲切，总想贴在一起。璐璐特别烦闷，开始抱怨起来：“怎么有这么多的作业啊！”

“你要是早点开始写的话，说不定早就完成了！现在抱怨还有什么用！”妈妈在旁边喊道：“天天都这样，开始不抓紧，写不完就抱怨，这是什么坏习惯啊！”

璐璐特别想和妈妈吵几句，但是，他也不得不承认，妈妈说的是实情。并且为了赶时间，他不得不闭嘴，抓紧时间写作业。他发现，自己的字写得非常难看，计算也不可能很仔细了。可是有什么办法呢！这么晚了，妈妈还在等着，自己只能以完成为主，顾不上作业质量了。

直到夜深了，终于完成所有作业，璐璐能睡觉了。妈妈也感觉疲惫极了。

第二天，老师检查作业，发现璐璐的作业字迹潦草，错误百出，于是向璐璐询问情况，璐璐回答道：“老师，作业太多，我根本完成不了。”

老师拨通了妈妈的电话。妈妈把昨晚的情况向老师进行了描述。老师明白了，璐璐作业质量低看似是因为作业多，实则是因为做事拖拉。

对家长说

璐璐这个问题，归根结底，是时间管理问题，他没有把控好时间，反被时间“拿捏”了。

有时间的时候磨磨蹭蹭，等到没有时间了就敷衍了事，这是很多学生学习时的真实写照。这不仅会造成效率低下，而且会直接影响学习质量。老师在第二天往往会讲解作业中的问题，对于认真完成作业的同学来说，这是知识点的巩固，而对于没有深入思考、没有认真完成作业的璐璐来说，老师的讲解就像在说天书，完全听不懂。久而久之，璐璐与同学的差距就产生了！而且，由于作业拖拉，导致睡眠时间缩短，璐璐经常有课上困倦的现象，如果这样的情况总是发生，会严重影响他的听课效果。

在学习和生活中，我们会面临很多任务，很多时间节点。如果总是拖拉，就会永远感到忙乱、焦躁，就像故事中的璐璐一样，粗糙地完成任务或者根本完不成任务。所以，要立即行动起来，将时间安排好，做时间的主人，让时间为我们服务。

下面就让我们和孩子一起学习一下怎样规划时间吧！

对孩子说

1. 给时间画个框

在做事情之前，为自己设定一个时间区间，告诉自己要在这个区间内完成任务。最好将任务结束点设定得稍微比要求的期限提前一点，既给自己一点紧张感，也给任务的完善和反思留出时间，这样我们就会从容很多。我们还可以把任务的每个阶段列在框里，变成大框套小框的样子，这样，我们每个阶段的任务都会变得非常清晰，也可以说，我们可以看到时间的脚步。

2. 给任务排序

多项任务并行时，建议按照任务的重要程度、截止日期和任务内容进行排序，并填在上述的框中，对每项任务都做到心中有数。比如，既要完成作文，又要完成英语阅读。那么，就可以这样思考：英语阅读是限时完成的，语文作文则需要构思、查找资料等，时间边界没有那么清晰。所以，就可以先完成英语阅读，同时利用碎片时间进行构思，查阅资料，然后安排整段时间进行写作，这样，时间就在你的计划和掌控之中了，你的时间就能得到充分利用。

3. 给自己设置小奖励

悄悄为自己定个小目标，许下小誓言，奖励自己高效完成任务！例如，一项任务按时完成，就奖励自己吃个水果；下一项任务按时完成，就奖励自己听一首歌。人们常说："要给生活加点料！"我们给学习过程加入点小奖励，让完成学习任务的过程变得有趣，充满小幸福，这是多么好的事情！同时，这些小奖励，是我们按时完成任务、高效利用时间的一个证明，在一次一次的证明里，我们可以获得更大的收获。

第二节　手机、电脑总是在“捣乱”？约法三章来搞定

手机、电脑为大家的生活带来了便捷，但是也给家长带来了困扰。许多孩子喜欢从手机中获知最新的消息，欣赏多样的视频，体验有趣、刺激的游戏等，手机、电脑的魅力远远大于学习的乐趣。更有孩子沉溺其中不能自拔，严重影响了学习的效率和质量。在家庭中，因为孩子使用手机、电脑的时间过长，又不听从家长的劝说，家里经常出现“鸡飞狗跳”的状况，家长非常无奈。

手机、电脑的使用，是一个“律”的问题。孩子如果能够坚持自律，再利用好他律，这个问题就能够得到解决。

案例故事

“老师，您看，毛毛又睡着了！”

老师抬眼望去，的确，毛毛趴在桌子上，头搭在双臂上，眼睛紧闭，小脸通红，睡得可香啦。老师联想到了英语课上他也是无精打采的样子，就询问他原因，他说：“没事，老师，我只是有点累。”老师安慰他说：“孩子，好好调整！”他点了点头。可是，好多天了，这种情况仍然没有什么好转。老师就此问题询问了其他任课教师，他们也反馈说，毛毛上课总是打瞌睡。孩子怎么了？学习时间太长？还是有其他原因？

老师打电话给毛毛的妈妈，询问孩子晚上的作息情况。毛毛妈妈反映说，孩子上床睡觉的时间是正常的，而且，有时候他会以自己有点累为由早早就上床了。“那他为什么白天那么困呢？”问完这句话，老师忽然想到了另一个问题：“孩子去睡觉时，他的手机在哪里？是由您保管，还是由孩子自己保管？”

“孩子说他要用手机做闹钟，所以是由他自己保管。”妈妈回答道。

“我听到过，毛毛和其他同学讨论某款游戏。”

毛毛的妈妈突然意识到了问题的严重性：“您是说他有可能在偷偷用手机玩游戏？晚上我一定要看看。”妈妈有些紧张。

“我建议您这样做。但是，如果真存在这样的问题，您千万不要发脾气，那样只会激怒孩子，不能解决问题。您要静下心来，然后我们一起想办法。”

晚上的时候，老师接到毛毛妈妈的信息：“老师，我进了毛毛房间，他的确在被窝里偷偷玩游戏，我该怎么办？”

对家长说

随着科技的发展，电脑、手机已成了大家离不开的“另一半”，查询信息、道路指引、搜索文献、听音乐、下棋、聊天、购物、订票……网络给大家带来了无限便捷。

但是，手机、电脑、网络也是一把“双刃剑”。它们在带来便捷的同时，也给孩子们的学习生活带来了冲击。长时间看手机会引起视力下降，手机游戏、视频等会让孩子们学习不专心，五彩缤纷的网络世界吸引着孩子们的注意力，甚至侵蚀着孩子们原本属于学习的时间。严重者还会让孩子沉溺于网络世界，逃避真实的世界，从而忽视学习，甚至讨厌学习。在他们眼中，网络世界比学习更有意思。

家长们也发现了这个问题，开始对孩子们进行引导、教育，甚至批评，努力把孩子们从手机、电脑的世界里拉出来。可是当家长在进行管教时，孩子却表现出烦躁、抵触和抗拒情绪。有时候，他们和家长玩“躲猫猫”游戏，趁着家长不注意，就进入网络世界寻找欢乐。当家长发现时，他们就暂停，等待时机再次进入。这场和手机、电脑的拉锯战，令家长非常焦虑，疲惫不堪。家长向老师反映情况，请老师提供帮助，老师们也很焦虑，加入了防范者的队伍。孩子们和老师仿佛在进行“警察抓小偷”的游戏，老师眼观六路，耳听八方，但是也奈何不了他们伺机而动，随时出手。

这样的问题，我们该怎么解决呢?

首先，保持冷静是解决问题的第一步。家长、老师要冷静思考，坦然面对问题，共商解决办法，千万不可“如临大敌，草木皆兵”，制造紧张气氛，更不可一味指责，化“友”为“敌”。因为，我们要意识到，让手机、电脑完全从孩子的生活中消失，是不可能的，而且从一定意义上来说，它们对孩子的学习其实是有帮助的。我们要探索合适的方法，发挥手机、电脑的优势，降低它们的消极影响，让其真正“为孩子所用”，服务于孩子的学习和生活。

其次，理解也是解决问题的法宝。老师、家长要站在孩子的角度，为孩子分析手机、电脑的优势与不良影响，帮助孩子正确认识问题。同时要给孩子信任，让孩子有勇气面对问题和解决问题。家长要摆脱高高在上的姿态，和孩子共同商讨，就“控机行动”达成一致，还可以设立“盟约”，成为“盟友”，相互支持，同心协力，一起解决问题，事情一定能变得更好。

最后，自律意识是解决问题的关键。我们要鼓励孩子自己控制好手机和电脑的使用时间，帮助孩子树立科学使用手机的意识。我们还要注意他律，和孩子一起达成共识，一起遵守“远离手机”的约定。

对孩子说

1. 我要自律，手机远离我

我们要科学使用手机，适时对它说“不”。

首先，做作业的时候，我们要将手机放在远离自己的地方，最好放在自己看不到的地方，消除它对自己的干扰。

其次，制订“手机使用时间表”。在学习过程中完全不用手机是很难的，因为我们有时候需要查阅资料，而且有时候，老师、同学会有信息传来。我们可以制订适合自己的“手机使用时间表”，规定自己看手机的时间，绝不随意使用。例如，我们可以这样规划：

7：30 ~ 8：30　做作业

8：30 ~ 8：45　休息查看手机消息

8：45 ~ 9：45　做作业

9：45 ~ 10：00　休息，查看手机消息

这样，我们查看手机就有了固定时间，在其他时间内，要专注完成任务。需要注意的是，我们要将需要查阅的内容整理并记录，在查看手机的时间里集中解决问题。同时，表中对查阅手机的时长有了明确的规定，这能有效提升我们查阅信息的效率。有时候我们会从查阅信息的一个链接，不断点击到另一个链接，造成注意力的分散，解决问题的效率降低。而固定时长恰恰可以帮助解决这个问题。

2. 我也有他律，家庭达共识

控制手机使用，不仅需要自律，也需要他律。我们可以和爸爸、妈妈达成共识，一起行动起来。首先，约定好每天手机的使用时间，就如上面的时间安排。其次，我们按照每周实现目标的情况给自己设置小奖励。如果一周都坚持得很好，就给自己适当的鼓励。我们可以有这样的约定：坚持一周，就在周末奖励一段“Game Time（游戏时间）”。最后，我们还要鼓励爸爸妈妈加入我们“控制手机”的队伍。在我们写作业的时候，爸爸妈妈也不能看手机，爸爸妈妈可以看书、做手工，让全家共同享受远离手机的时间。

3. 我们有约定，形成小联盟

我们还可以与学校老师形成“控机小联盟”。老师一定是支持我们“远离手机”行动的，他们不仅可以给我们支持，还会给我们必要的提醒。因此，在行动时，和老师达成小约定，将“手机使用时间表”展示给老师，告诉老师我们的计划和决心，并请老师监督自己。我们要和老师解释清楚时间表中的安排，如在某段时间不能立刻回消息、在某个时刻不打电话等，请老师理解。我们可以定期在班中分享自己的“控机”心得和体会，带动更多的同学加入行动，形成科学“控机”氛围，这样，自己、家长、老师，甚至整个班级就形成了一个小联盟，共同将“远离手机”“科学控机”落实好。

第三节　偏科怎么办？一定要找到学科特点和兴趣提升点

偏科，顾名思义，是指在学习文化课的过程中，有某一门或者几门科目成绩特别好，而其他科目成绩不好或成绩非常差的现象。偏科在学生学习过程中很常见，有的同学偏文科，有的同学偏理科，有的同学擅长地理和历史，有的同学擅长物理和化学等。如果所偏科目与其他科目相差不大，则不必紧张。但是，如果情况特别严重，“被偏向的科目”和“不被偏向的科目”相差悬殊，且由于“不被偏向的科目”分数太低，带来整体分数的下降，则家长和学生必须要注意。但是，别着急，偏科是可以通过恰当的方法改善的。

案例故事

妈妈看着明明的成绩单，表情严肃，眉头紧皱。这可怎么办？明明的数学、物理成绩在班里名列前茅，这让妈妈非常欣慰。可是，他的语文、英语成绩简直可以说是“惨不忍睹”啊！由于语文、英语成绩拖后腿，明明的总成绩在班级排到了中下游的位置。在此之前，妈妈对孩子的偏科现象是有所察觉的，但是没有想到会发展成这样严重的程度！

“明明，过来，妈妈和你谈谈。”妈妈压住怒火，用尽量平静的声音叫明明。

明明过来了。看到妈妈手里的成绩单，一下就明白了妈妈所说的“谈谈”的意思。他先是稍有慌乱，立刻又平静下来，小声说道：“都是英语和语文拉分了。唉，我这两科总是学不好，您又不是不知道。”

“你知道这两科学得不好，为什么不在这两科上多下功夫呢？”妈妈也不再掩饰情绪，脸上布满了焦虑。

“我有努力过呀！但成绩总是提不上去，我有什么办法？”明明也烦躁起来。

“你怎么努力的？你要是真的努力了，考试成绩还能这么糟糕？”妈妈提高了声音。

“反正我努力过了！而且，我不喜欢学英语，您又不是不知道！”明明猛地转过头去，跑回了自己的房间，“砰”的一声，用力将门关上。

谈话进入了僵局。妈妈盯着成绩单发呆。怎么办？

妈妈拨通了英语老师的电话。

“孩子的英语考得不理想。您帮忙看一看，孩子是哪里做得不到位呢？他完成英语作业了吗？他上课听讲认真吗？”由于焦急和担心，妈妈一下子问了好几个问题。

“明明妈妈好，”英语老师说道，“从您的语气中，我能感到您特别着急。我首先汇报给您，孩子的英语作业是按时完成的，上课听讲问题也不大。”

“那他的英语成绩怎么总是那么低呢？”

“是这样的，明明妈妈，我发现明明对英语总是没有兴趣。他虽然在学习，但总是有些敷衍的态度。”

“敷衍的态度，您指的是哪些方面呢？”

“是这样的。当孩子在学习时，能够感觉到，他是为了完成而学习，缺少深入、认真的思考。例如，在英语作业中，有一些阅读理解题目。孩子在完成题目时，只是在指定位置写下了 ABCD 这些答案，从一定意义上说，这是完成作业了。但是，孩子的思考过程在哪里？甚至有没有认真思考？这些都没能体现。还有，孩子有没有自己主动朗读英语？主动阅读英语文章？”

“很少。”妈妈回答。

“这就是孩子对科目的兴趣问题。如果没有兴趣，他就只会完成规定内的任务，也许还会在完成任务的过程中偷工减料。久而久之，学习成绩就会下滑。如果情况不改善的话，下滑的成绩还会让孩子的兴趣进一步减弱，后果更加严重。这就是咱们平时说的恶性循环。”

“老师，您提醒了我。特别感谢您！咱们怎么做才能改善这种局面呢？”

“明明妈妈，这个问题的形成有一段时间了，不是一下子就能扭转的，但是咱们可以一起想办法，帮助明明提升对英语的兴趣。”

“好！”

“我先和孩子聊，帮助孩子认识问题和思考办法，您那里做辅助和支撑，好不好？咱们随时保持联系。”

“太好了！我一定会努力去做！”

老师和明明妈妈同时在电话里笑了起来。

对家长说

1. 对学科的兴趣很重要

人们常说，兴趣是最好的老师，可见兴趣之重要性。从故事中可以看出，明明不喜欢学英语。在孩子出现偏科的时候，孩子经常会说：“我对此学科没有兴趣，我不想学。”如何才能激发孩子的兴趣呢？这需要我们找到最佳切入点，发掘学科的魅力和吸引力。例如，为了激发孩子对文科的兴趣，我们可以为孩子提供丰富的背景知识和体验项目，如设计家庭读书日，全家一起读书，交流读书所得；带着孩子去旅行，看世界美丽河山，感受生活之美；带孩子去博物馆参观，感受展品的厚重历史。在丰富的体验中，帮助孩子产生学习、研究的愿望。为了激发孩子对理科的兴趣，我们可以和孩子一起阅读理科杂志，做实验，带孩子去参观科技馆，和孩子一起体会理科的奥秘。

2. 学以致用，促进孩子学习

当孩子出现偏科的时候，他们经常会认为，这个学科没有用。这个会成为偏科的理由。我们可以根据学科特点，让孩子动起手来，将所学运用到实践之中，在实践中丰富学科知识，深刻理解学科知识的重要意义。例如，在学习物理学科时，可以带领孩子测量物体的高度，计算物体的密度，体验阿基米德发现浮力的过程；还可以利用实验工具，让孩子体验电路的并联、串联，将书本知识转化为孩子的动手能力。如果是化学学科，可以带孩子了解厨房的秘密，学习各种调料的化学成分，也可以带孩子进入实验室，感受物质变化的奇妙。通过让孩子自己动手、参与，感受这一学科的重要性，逐步掌握学科的学习方法，学以致用，改变孩子对学科的态度，提高对学科的兴趣。例如，在学习数学时，当发现孩子的公式、概念记忆不清晰导致做题出现错误时，可以带孩子寻找或创设公式的应用场景，让孩子自己体会公式的推导过程。在过程中帮孩子梳理思维，并加以鼓励和点拨，让孩子在体验中找到自信和勇气，主动向前走。

3. 抓住问题关键，切勿小题大做

家长们要知道，孩子在学习的过程中出现偏科的现象是非常正常的。当出现偏科问题时，家长们要以平和的心态和孩子沟通，研究偏科出现的根本原因，进而解决问题。偏科出现的原因，主要包括孩子的兴趣、孩子的学习环境和老师授课的方式等。如果是学科兴趣问题，调动学生的积极性、激发学习的动力至关重要。如果是学习环境问题，就要考虑如何改善学习环境，是受班级同学的影响还是家庭环境的影响？通过哪些调整可以促进问题的解决？对于偏科，还有一个重要因素，那就是任课教师。孩子可能会因为某些授课老师的言行，如批评了自己、布置作业太多、对自己关注不够，甚至可能因为老师的穿着等原因，不喜欢这位教师，继而不喜欢这门学科。在这种情况下，沟通是最重要的。班主任和家长可以先与孩子沟通，将情况了解清楚，为他们做思想工作，然后，不妨让孩子和老师直接沟通，真诚交流，让孩子理解老师的辛苦，老师理解孩子的需求，共同制订目标，共同前行。师生间有一些小误会也是在所难免的，家长要抱着真诚交流、解决问题的态度去沟通，一定会有好的效果。

下面让我们和孩子一起学习一些解决偏科问题的方法吧！

对孩子说

1. 克服畏难心理，树立学科自信

我们经常发现，学习自己喜欢学的学科往往很容易，自己不喜欢学的学科就会很吃力。在这里面，固然有学科本身难易程度的影响，但是，有一个重要的因素我们必须加以考虑，那就是自己对这个学科的态度。

有这样一个故事：一位高中生的数学成绩一向很差，每次考试都排在班上的最后几名。在他快对自己完全放弃的时候，他想："反正也就这样了！我何不试试，每天多啃几道数学题呢！"于是，他每天都做几道题，做不出来时就向老师请教，向同学请教，把每天的题目都弄会。两个月之后，他的数学成绩出现转机，跃进班级前十名。他说："原来，数学是个'欺软怕硬'的东西！我能征服它！"自此，他爱上了数学，越来越感受到学习数学的乐趣。所以说，别怕，只要我们静下心来学，就一定能学好。有一句话说得好："态度决定高度。"对那个科目的积极态度，一定能助力我们取得好成绩。千万不要有畏难情绪，觉得科目难就选择放弃，那样只会越来越糟糕。

2. 知识运用于实践，激发学科兴趣

当我们对某个科目不感兴趣，觉得这个科目枯燥时，我们可以从另一个角度来看它：它能在实际生活中有怎样的应用？我们能用它来解决什么问题？我们将知识与实际生活、与我们的实践相结合，就会发现学科知识的妙用，而这种实践也会让我们的知识更丰富，更扎实！

例如，我们都知道，英语是交流的工具。那我们可以留心生活中的英语应用，就会发现英语是无处不在的，英语其实也很好玩儿。

故事中的明明后来在老师的启发下搜集生活中的英语例子，有来自家庭厨房用品的英文介绍、洗发液上的英文说明、文具的英文名称和注意事项、英文的路标牌等，内容非常丰富。可以看出，明明做了非常认真的搜集。

"明明，你完成得非常棒！告诉我，你在搜集的时候有什么感受呢？”老师问他。

“我感觉英语真的是无处不在！我认真看了自己搜集的英语例子，有的是咱们学过的，看到就很有成就感。有的翻译特别有意思，是我没有想到的，原来英语翻译这么灵活。还有许多我不会的，我要多学习。”

“这说明你对英语的认知丰富了许多！接下来，咱们将目标定位为‘我能灵活使用英语’，如何？”老师进一步启发明明。

“好，我要主动学，多学一些才能达到那个目标！”明明的回答特别坚定。

后来，在年级英语演讲比赛中，明明请同学、老师修改稿子，和妈妈一起在家里练习，演讲的效果非常好！

3. 师生达成“协议”，共享提升过程

“协议式”学习法，也可以叫作“约定式”学习法，是借助他律的力量，提升学习成绩的好办法！我们和老师，也可以和同学，约定好学习任务，按时打卡，通过他人的提醒和监督，循序渐进地完成学习任务，达到提升成绩的目的。

在改善偏科情况的过程中，我们可以和老师达成这样的小协议：

（1）文科：每天背某个章节的主要内容。

每天背 2 首古诗。

每天背 30 个单词。

（2）理科：每天背某科 5 个公式。

每天完成某科 3 道练习题。

首先，我们和老师沟通，让老师知晓我们想要提升成绩的决心。其次，根据自身的水平，在老师的指导下进行“小协议”的制订。最后，请老师为自己把关和监督，实施“小协议”。渐渐地，我们会发现，“协议”不仅代表着学习情况的落实，还让师生关系更加融洽。

第四节 如何提高正确率？建立小小错题本

在孩子的测试中经常出现这样的问题：上次测试错过的题，这次又错了。这种现象往往比出现新的错误更加让人遗憾和沮丧。是什么原因造成了这种现象呢？是因为孩子学习不努力？学习态度不端正？还是其他的原因？其实，我们可以静下心来，研究一下，如何利用错题本，帮助孩子提高正确率。

案例故事

妈妈看着小希数学卷子上面的分数，心里是崩溃的。并不完全是因为小希的分数低，而是因为卷子上的一些错题，在上一次的测试中小希已经错过的题目，这次又错了。当时，她担心孩子不能理解，专门把那几道题给孩子又讲了一遍。孩子当时说“会了，全会了”，可是，这次考试，几乎一样的题目，小希又错了！

小希看到妈妈阴沉的脸色，笑嘻嘻地过来说：“妈妈，别生气，下次我注意就好了。”她不希望妈妈生气，于是用自己的好言好语来哄妈妈。

“看看这些题目，不就是上次考过的吗？”

“上次考过的？我怎么没发现？”

“你仔细看看，再找出你上次考试的卷子，咱们来对照一下。”

小希在自己的房间里翻找，房间里的卷子太多了，语文的、数学的、英语的，可就是找不到妈妈说的那套卷子。卷子去哪里了呢！

正在她翻找的时候，妈妈走了进来，看到乱糟糟的卷子，火气更大了："看看你，东西不收拾，没有条理，乱七八糟，做事情就是没有动脑子！错了的题还错，也是不动脑子！你天天都在想什么！"

"妈妈，不要乱说话了！让我再找一找！"小希也有些烦躁。一边回答妈妈的话，一边在头脑中搜索那天的卷子大概放在了哪里。可是翻找了好一阵，那张卷子还是没有找到。

妈妈更生气了。小希也不敢说话了，家里的气氛有些压抑。

小希坐下来，开始改错题。经过妈妈的提醒，她也对错题有了熟悉的感觉。对呀，这题好像还真的和上次的差不多，只是改了人称，换了个别条件，其实思路是一样的！自己考试的时候怎么就没有发现呢！

此时，她突然灵光一现，把手伸到了书包的夹层，卷子就在那里！她认真对照现在的错题，不得不说，妈妈说的是对的！自己这次的错题中，很多都是上次错过的题目。妈妈居然比自己记得还要清楚！

小希拿着两张试卷来到妈妈面前。妈妈的脸色缓和了一些。

"上次错的题，为什么还错呢？你要记下来呀！"

"我也想记下来，可是我记不下来啊！再说，这么多科目，这么多题，我怎么能都记下来呢。"小希心里想，但没敢对妈妈说出来。

"好的，妈妈，下次我记下来。"小希对妈妈说。

但是，怎么能记下来呢？

对家长说

“不要被同一块石头绊倒两次”常常被用来告诫他人，不要犯同一个错误。在学习过程中，孩子“被同一块石头反复绊倒”的现象经常存在。这个现象的出现，可能是以下几个原因造成的。

1. 对试卷上的错误没有做到真正理解

在修改错题的时候，或者是因为没有听清老师的讲解，或者是因为偷懒，孩子只记下了题目的正确答案，却没有对解题过程进行理解和实践。这种改题过程是敷衍的，其学习效果也是不好的。因为题目一般会发生变化，所以此题的答案就会失去意义，孩子下次还会被这块“石头”绊倒。

2. 对试卷上的错误缺乏反思

孩子将错题改正之后，认为自己已经学会了，就忙着进行下一步学习，或者去做新题。这就如人们所说：“忙着去追求远处的风景，却忘了欣赏身边的美丽。”孩子要对错题根源进行反思：是因为粗心？还是因为公式记忆错误？还是因为其他原因？找到错题的根源之后，接下来要让孩子考虑该如何避免这样的问题。如果有必要的话，可以找类似的练习再做一遍，真正达到对错误习题的熟练掌握。

3. 缺乏完善的知识体系

孩子们经常会认为，将错题改对就达到了学习的目标。这种想法出现的根源是孩子认为每道题都是独立出现的。但事实并非如此，知识是相互关联的整体，每道题的背后都有知识体系的支撑，每道题都是知识体系某个部分的展现，一道错题往往代表着知识体系的某个部分有待加强。所以，孩子要建立知识体系的概念，对所学知识进行概括和归纳，同时将错题进行总结、归纳和对比，发现错题的规律，发现自己在某个知识体系中存在的不足，然后加以弥补和提升，从根本上消灭错题，掌握知识点。

对孩子说

建立错题本是避免上面问题发生的好办法。在错题本上，可以将错误的题目进行抄写，重新答题，这样就形成了错题的集合。要注意的是，建立错题本只是避免出错的第一步。错题本的真正意义是什么？是要通过整理错题，发现题目之间的脉络和关联，形成我们自己的知识框架；同时，通过反复研究错题，找到自己学习的薄弱点，提升学习的效率，培养好的习惯。那么，如何利用好错题本呢？

1. 科目不同，搜集错题的方法不同

要将错题原原本本都抄在错题本上吗？当然不需要。每个科目的学习内容、命题方式都不同，有的抄写起来很便捷，而有的抄写起来很复杂，而且浪费时间。我们要根据学科、题目内容，选择合适的搜集方式。例如，数学的计算题、语文的默写题、英语的单选题等，题目一般比较简洁，我们可以将题目抄下来，然后自己重新做题。注意，只抄题干，重新做题，把错题整理当成是重新做题的好机会。

语文的阅读题题干很长，而我们的错误又涉及对文章的理解，我们可以将试卷内容进行复印，剪下来贴在错题本上，然后在下面对理解性题目进行总结和整理。英语的阅读理解题如何整理呢？阅读理解题文章比较长，而且在几道选择题中，可能只错了其中一道，其他题目是正确的。这时，要分析自己错题的关键点，如果是因为句子理解错误，那就把关键句子抄在错题本上，标注好正确意思。如果是因为对单词生疏，可以把重点单词摘录下来，通过查字典、标注单词的多个用法等方式，进行单词意义的扩展。

2. 每页右侧留白，写下题目重点

要将错题本每页都写满吗？不是的。在整理错题时，一定要注意留白。错题本上的留白，是为了做标注、修改、写提示。建议在本子右侧空出一部分，可以在此处标注错题的日期、考试的方式，还有自己错误的原因。例如，可以标注此处错题是因为粗心还是因为概念不清晰、复习不到位等，并提示自己以后要多注意。留白还有一个重要作用，那就是在复习时，我们可以盖住答案，在旁边重新做题，然后与之前的答案进行对比，如果还有不对的地方，立即修改。总之，小小留白，作用很大。

3. 运用不同颜色，体现不同意义

错题本是花花绿绿的。这不是为了看起来好看，而是要用不同颜色的笔代表不同的意义。一方面，出现错题的原因是不一样的。有的时候是因为笔误，有的时候是因为记忆混淆，还有的时候是因为时间紧张而忘记做了，等等。另一方面，每道错题的重要程度也是不一样的。有些题目至关重要，下次还会反复考察，但有些出现频率并不高。针对这些情况，我们可以用不同颜色的笔将不同情况进行区分。最好是在设立错题本的时候就定好哪种情况用哪种颜色，这样，在复习时就会一目了然。

用不同的颜色配合不同的标记也是一个很好的学习方法。用红色的三角形标记表示至关重要，用蓝色的圈圈告诉自己此题要认真做。这样，错题本的提示作用更加凸显。因为我们在为错题做标记时，也是对错题和自己的错误再次反思和分析。从这一意义上来说，花花绿绿的错题本，也是思维过程的记录和体现。在不断的反思中，我们可以加深对错误的理解，形成正确的思路和学习习惯，让错题本的意义更加丰富。

第五节　背诵总是很吃力？尝试做个小讲师

背诵，是学习过程中不可缺少的环节。从语文的古诗词、文言文，英语的单词、段落，到数学的公式，化学的方程式等，都离不开背诵。背诵可以使我们精确又牢固地掌握一些重要的知识。有的家长发现，孩子背诵特别慢，对着书朗读许多次，放下书背诵时还是磕磕巴巴，前言不搭后语。好不容易背下来了，等到默写的时候，又是错误百出。家长会想：是不是这个孩子有点笨？不是的，只要掌握了正确的方法，背诵就能够变得非常简单！

案例故事

下节课又是语文课！璐璐皱起了眉头，因为老师又要进行默写小测验了，可是，璐璐还没有背下来呢！怎么办？璐璐拿出书，想抓紧时间再背一下。把书合上时，璐璐感觉自己都会了，肯定能万无一失。

语文默写小测验开始了。璐璐忽然发现，自己头脑里一片空白，刚才背诵的内容都“溜”走了！自己昨天晚上也背诵了好几次，怎么就没有留在头脑里呢？听着同学们写字的声音，璐璐更加焦躁，可是，越焦躁就越想不起来。此时，她希望自己的大脑能够像电脑那样，拥有复制、粘贴的功能，把背诵内容直接粘贴到头脑里。

时间到了，璐璐无奈地将听写本上交。听写本发下来后，当璐璐看到其他同学欣喜、满足的笑容，而自己本子上是不合格的标记时，她难受极了。

放学回到家里，她趴在床上，泪水顺着眼角流了下来。自己怎么就背不下来呢！老师说，不合格的同学，明天还要继续检查！

妈妈过来了，看到璐璐手里的本子，也着急起来："怎么又没有背好呀！你就不能好好背背吗？"

"我怎么没有好好背？"璐璐不能控制自己的情绪，心中的委屈在向外喷涌。

妈妈看她这个样子，不知说什么才好。

璐璐的泪水中，有委屈，还有无奈。

对家长说

背诵是通过诵读的方式记住阅读材料，是最基本的学习方法之一。背诵可使孩子在熟记教材的基础上加深对内容的理解，发展其记忆力、想象力和思维能力，并培养良好的语感。

背诵可以使我们精确又牢固地掌握一些重要的知识，增加我们的知识储备，以便更高效、灵活地解决问题。举例来说，工程师在工作时，一定要对所用到的定理、公式烂熟于心，才能灵活运用。如果他们在工作中，还需要现查基本的公式，那一定会耽误效率。工作中的紧急情况在所难免，如果他们不能立刻遵循正确的原理进行处理，后果一定很严重。如果教师在教学生古诗时却忘了原句，还要翻课本查，这种局面将会很糟糕。孩子在做题时，如果记不住公式，其演算过程也不会顺利，甚至结果也会出错。善于、勤于背诵可以使我们的知识库存日益丰厚。中国古代早就有“熟读唐诗三百首，不会作诗也会吟”的说法。我们在写作、与人交流时，适当引用名句、名篇，会让我们的表达更丰富，更有吸引力。可以说，头脑中的知识储备，是我们解决问题的底气和支撑。

古往今来许多伟大和知识渊博的人，大多善于背诵、记忆力惊人。马克思、恩格斯、列宁都精通多门外语，马克思能背诵许多歌德和海涅的诗歌，并在谈话中经常引用他们的诗句，这让他的谈话内容具有精辟性、哲理性和趣味性。如果他不善背诵，就不可能有如此好的效果。

但是，许多孩子对背诵感到头疼。他们在背诵时也很努力，但总是达不到最好的效果，常常出现各种错误。孩子该如何改进呢？

对孩子说

1. 我来当个小讲师，爸爸妈妈做听众

2019 年北京高考试卷的完形填空题中，讲述了这样一个故事。一位名叫 Wilson 的退休工程师一直在为大学生提供免费乘车服务。在开车接送学生们的路上，他们之间有过无数次让人愉快并且很幽默的交谈，Wilson 不是在尴尬的沉默中坐着开车，而是会问学生们一些问题，下次学生们坐他的车时，他就会检查之前的提问。当然，如果学生在乘车时遇到了问题，他也会帮助他们。如果某个学生在途中饿了，他会毫不犹豫地给他买吃的。对很多学生来说，Wilson 的帮助不仅是免费的乘车服务，更是他们完成大学学业必不可少的因素。按照 Wilson 自己的说法，他也从这种经历中获益匪浅，很荣幸成为这些孩子生活的一部分。

故事中的 Wilson 就是用倾听和互动的方法帮助孩子们完成了知识的记忆和背诵。我们也可以用这个方法，把自己看作小讲师，把需要记忆的内容对爸爸妈妈进行讲解，这就促使自己理解要背诵的内容，并能够表达出来，使得背诵和记忆过程变得不枯燥。同时，家长在倾听时，也可以给予提醒和评价，背诵的过程就成了亲子互动、共同学习的过程。

2. 提炼关键词

关键词法不是一开始背诵就用关键词记忆，而是把完整内容记下后，复习时再着重记忆关键词。爸爸妈妈和我们一起，将背诵内容中的关键词进行提取，然后记忆关键词，根据关键词再将背诵内容串联起来，整体背诵就完成了。

3. 边背边动手

背诵就是坐在那里，反复读、反复背吗？不是的。俗话说："眼过千遍不及手过一遍。"在读诗词或短文背诵时尤为推荐边背边动手这一方法。有时候我们在背古诗词的时候背得很溜，老师一要求默写就错误百出，很多生字不会写，标点有错误。所以，在背诵的时候，要眼看、口读、手写，三管齐下，这也叫作"多路记忆法"，即我们在识记某一内容时，可以调动多种感觉器官，形成多种"感觉通路"，协同记忆。如果在背诵时多条神经通路都接通，就会形成多条暂时神经联系，它们互相影响、制约、补充，提升记忆效果。

在背完一部分后，我们一定要动手将内容默写下来，再与原文认真核对，更正其中的错误。这个核对、更正错误的过程，也是加深记忆的过程。

4. 艾宾浩斯记忆法

艾宾浩斯是一位德国心理学家。他在20世纪初，通过实验，发现了人类记忆和遗忘的规律，并且发布了他的研究报告，他根据实验结果绘制了一条记忆曲线，这就是著名的艾宾浩斯遗忘曲线，如下图所示。

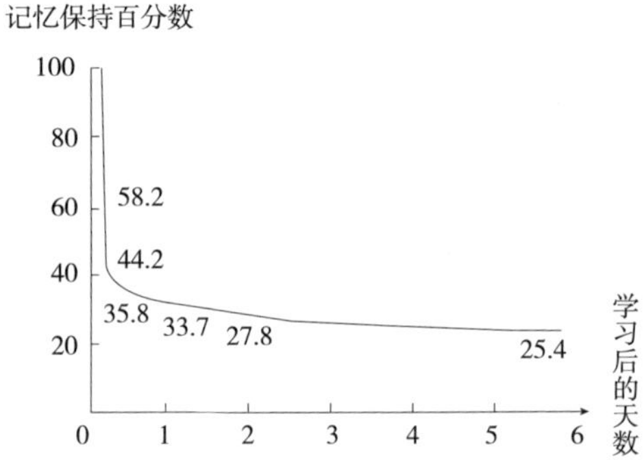

艾宾浩斯遗忘曲线

这条曲线告诉我们，人们在学习中的记忆是有规律的。遗忘的进程不是均衡的，在记忆的最初阶段遗忘的速度很快，后来就逐渐减慢，到了一定时间后，几乎就不再遗忘了，这就是遗忘的发展规律，即“先快后慢”的原则。从遗忘曲线可以看出，学到的知识在一天后，如果不抓紧时间复习，就只剩下原来的33%。随着时间的推移，遗忘的速度会减慢，遗忘的数量也会减少。

那么，我们如何利用艾宾浩斯遗忘曲线帮助记忆呢?

（1）及时复习，反复记忆。在背诵完某个知识之后，不要认为自己已经背下来就将其放置一边，而是要定期及时对知识进行复现。比如，在背诵的第二天，再次进行背诵；第四天，再进行一轮背诵。在及时和反复复习中，克服遗忘规律，巩固背诵效果。

在这里还推荐大家使用“卡片记忆法”，将要背诵的内容写在小卡片上，随时拿出来复习，既方便又能帮助记忆，是简单易行的好方法。

（2）及时自测。在背诵之后，我们要及时自测，以便对自己的背诵查缺补漏。自测可以分为两种，第一种是完成教师布置的题目，第二种是自己准备自测题。尤其在老师没有设置题目的情况下，自测题就显得尤为重要。我们要站在教师、出题人的角度，为自己设题。“假如我是老师，我会怎样出题考学生呢？我要考察哪些要点呢？”这样站在老师的角度设问自答，不仅可以检验自己的背诵成果，还可以从更高一层次审视、分析背诵内容，效果很好！

第二章

关注学习的细节，让学习习惯更优秀

细节决定成败。

在孩子学习的过程中，有许许多多的细节，大家是否给予了足够的关注？用具准备、听讲状态、笔记质量、思考深度、提问次数……这些看似微不足道的细节，都影响着学习的效率和质量。

有的同学，只是羡慕那些优秀的同学，认为他们生来就是如此，而自己天生就不行；还有的家长，看到别人家的孩子特别出色，于是说："如果老天也给我一个那样的孩子多好！"殊不知，那些优秀的孩子并非天生如此，他们也是从细节中做起，从好习惯中变得优秀！

许多优秀的孩子会进行学习方法的介绍，我们会发现他们有着共同的特点：注重学习中的细节。例如，有清晰的时间安排，让时间发挥最大的作用；在课堂上严格要求自己，认真听讲，不在课堂上开小差；记录清晰的笔记，并主动探讨和研究；将自己的物品整理得井井有条，不让杂乱的环境干扰自己的思考。正是通过对小细节的关注，形成了良好的习惯，才促进他们进步！

我们不要只是羡慕别人的优秀和成功，而要以他们为榜样，仔细对照和查看自己的学习过程，是否注意到了细节？是否养成了良好的学习习惯？

有这样一个故事：在黄河岸边有一片村庄，农民们筑起了巍峨的长堤，以防止黄河泛滥淹没村庄。有一天，有个老农偶然发现，堤岸上的蚂蚁窝一下子增加了许多。老农正要回村报告，路上遇见了他的儿子。老农的儿子不以为然地说："这么坚固的长堤，还害怕几只小蚂蚁吗？”当天晚上风雨交加，黄河里的水猛涨，咆哮的河水从蚂蚁窝渗透出来，并逐渐摧毁了堤岸。这就是“千里之堤，毁于蚁穴”的故事。

学习亦是如此。有多少同学，因为时间管理不到位，导致学习效率低下；有多少同学，因为考试用具准备不充足，造成在考场上心情紧张；又有多少同学，不重视作业中的问题，成绩逐渐下降。

不要让学习的“堤岸”，毁于细节中的“蚁穴”。细节是关键，细节是基础，细节是进步的根本，注重细节可成就未来。

改变，从细节开始。

第一节　作业遇到“拦路虎”？不要“一搜答案”就结束

随着网络的发展，“搜一搜”成了大家常用的解决问题的方法。“手指一动，答案出来”让许多人感受到网络的便捷。但是，当孩子学习的时候，这种便捷带来的是什么——是学生思维的懒惰，是学生学习质量的降低。那么，我们该如何打败学习中的这一“拦路虎”？

案例故事

时钟滴答滴答，像是在不断提醒越越该睡觉了，可是，这道数学题就是毫无头绪，越越有些急了。

“干脆，我来搜一搜答案吧，这样能快一些。”越越边想边拿起了手机，将问题输了进去。很快，答案出现在屏幕上。越越迅速将答案写到了作业本上。“这样做好像不是很好，我抄完答案后，自己再思考一下吧。”越越这样安慰自己。可是，等到作业内容都抄写完，越越又想：明天老师还要讲作业呢，我明天再思考吧。

到了第二天，老师批改作业时，发现越越的答案全部正确，作业特别干净整齐，老师在课堂上专门表扬了越越，越越感觉自己的答案是抄来的，脸有些灼热。殊不知，更让越越脸上发热的，是接下来课堂上发生的事情。

老师对昨天的作业进行讲解。那是一道比较困难的题目，班里许多同学都出现了错误。老师大声说道："昨天，咱们有一位同学，作业都是对的！我们对他提出表扬，并请他来为大家讲解！越越！你来！"越越此时不知所措！他站起来，想说些什么，可是头脑里一点思路都没有。他想承认自己是通过网络搜索得到的答案，可是又不好意思说出口。他只好支吾着说："老师，我有点忘了，我再想想啊。"他坐下来，感觉同学们都在盯着他看，心里很不舒服。

后来，老师提出来大家一起探讨。有的同学提出了问题，老师和同学们一起研究和解答。越越自己也有问题想向老师和同学询问，可是，一想到自己的作业全部正确，老师都表扬过了，只能把问题又咽了回去。心里期待着有别人提出那个问题。可是，没有人提出那个问题，越越的希望落空了。这一节课越越在犹豫不安中过去了。

但是，一到做作业的时候，越越还是想享受搜答案带来的便捷。只要一遇到问题，他就上网搜答案，这不仅提高了做作业的速度，作业本也都是非常整齐的。尤其是英语阅读作业，做起来飞快，且正确率很高。

期中测试来了，越越的成绩可想而知。妈妈拿着卷子，看着越越的作业本，发现了问题。怪不得越越总是作业做得那么快，原来都是从网上搜的！

对家长说

现代科技的发展，为人们的生活带来了非常多的便捷。"有问题，上网搜"也是许多人的生活常态。人们会搜航班信息、物流进展、物品价格等，网络中多样的信息存储也在吸引着人们上网搜索。但是，爱因斯坦说过："科学是一种强有力的工具，怎样用它，究竟是给人类带来幸福还是灾难，全取决于自己，而不取决于工具，刀子在人类生活中是有用的，但它也能用于杀人。”网络也是一把“双刃剑”。它能帮助人们生活，但如果使用不当，也会给人们带来麻烦和伤害。我们要“一分为二”“头脑清晰”地来使用网络，充分利用网络的优势，但也要避免网络的干扰。

许多孩子喜欢用网络搜答案。他们认为这样可以节省做题的时间，同时，也可以避免询问他人时带来的不好意思的感觉。殊不知，与搜答案带来的坏处相比，这些所谓的优势不值一提，甚至都不是什么优势。

首先，搜答案会让学生错失思考的机会。答案是怎么得来的？解题中要注意什么？正是在解决问题的过程中，学生的思维能力得到了提高，知识水平也得到提升。但是，“直达答案”让这些思维过程都被忽略掉了，学生得到的答案只是“正确的符号”。久而久之，学生的思维就会变得懒惰，越发产生对搜答案的依赖。

搜答案也让题目设计变得没有意义。学习过程中遇到的每个题目都是经过研究、精心设计的，都在指向学生学习能力的提升。如果学生搜答案，就会导致题目失去意义，也可以说，这道题就浪费了，学生也失去了锻炼的机会。

还有一点，搜答案是一种自我欺骗。“欺骗”这个词用在这里虽然有些严重，但是，搜到答案之后，孩子会以为自己真的会了，自己真能把题做对了，老师也以为孩子都会了。这种“自欺欺人”“欺骗老师”的行为只会让孩子有暂时的欢愉，却禁不起考试的检验。孩子需要自己面对“拦路虎”，寻找战胜它的办法，老师也需要知道孩子的“拦路虎”在哪里，以提供最好的支持。这需要坦诚和勇气，而不是掩盖和躲藏。

下面就让我们和孩子一起学习一下如何打败学习中的“拦路虎”。

对孩子说

孔子说：“学而不思则罔，思而不学则殆。”在学习过程中，遇到问题是正常的，更重要的是，如何去解决问题。

1. 积极询问老师

我们遇到问题，不好意思问老师，担心老师批评自己，给老师留下不好的印象；与老师保持距离，不肯与老师接近。其实，这都是不利于提升学习效果的现象。首先，问老师问题是会受到老师的肯定的，老师会知道我们的努力和认真。其次，课后问老师问题，也是教学相长的另一个表现形式，通过询问老师问题，我们可以将知识学得更清晰，同时老师也可以更加细致地了解自己教学的效果和学生存在的问题，在下节课中进行调整。刻意与老师保持距离是不可取的。同时，通过向老师询问问题，增进师生的感情，让师生相处更加愉快，这对学习过程非常有帮助。

2. 求助爸爸、妈妈和同学

有这样一个小故事。父亲带着 7 岁的儿子整理后花园，他们遇到了一块埋在土里的大石头。父亲觉得这是一个教育孩子的好机会，于是他要求孩子自己将大石头移开。孩子推了半天，推不动，就聪明地在旁边挖了一个洞，找来一根木头插进洞中，把另一块小石头垫在木头底下，使劲儿往上撬。但大石头仍纹丝不动。父亲明知孩子力气小搬不动大石头，仍冷冷地说：“你要尽全力想办法。”这一次，孩子用尽了全身的力气，小脸都憋得通红，石头依然纹丝不动。孩子大口喘着气，颓然坐下。

父亲和蔼地走到他身边，问道："你确定你真的用全力想尽办法了吗？"孩子说："是呀！"这时父亲温柔地拉起孩子的小手说："不，儿子，你还没有想尽办法。我就在你旁边，可你没有向我求援呀。"孩子突然明白了，向父亲求助，也是一个好办法。

我们做功课遇到困难的时候，要向家长发出求助信号，也要和家长沟通，希望家长在自己身边及时提供最需要的帮助。在生活中，经常会有家长说："我的水平不够，孩子学的知识我都不会。我怎么帮助孩子？"并以此为借口缺席孩子的教育。事实上，即使自己水平真的不够，家长也可以在孩子身边，为孩子提供指导，例如鼓励他求助老师、求助同学。我们也要鼓励家长，通过阅读书籍，和我们共同学习，共同解决问题。

和同学共同探讨也是解决问题的好办法。我们知道"一个好汉三个帮"的道理，所以要学会和同学合作，交流方法，共同解决问题。但是，一定要注意，同学之间的交流要懂得控制，因为有时候同学们交流完题目后会有"话题拓展"，聊起天来时间就被浪费了。还有，同学之间交流探讨是值得肯定的，但是不能变成"貌似在交流，实则抄作业，抄答案"的情况，让作业失去其意义。

3. 搜到答案要内化

内化，意思是将看、听、想等思维观点经过内证实践，领悟出具有客观价值的认知体系。在这里是指我们要将答案转化为自己的知识，而不是"一抄了之"。在遇到问题时，求助于手机、电脑的情况不可避免，但重点在于，搜到答案之后，我们要对其进行深入理解和消化，让其成为自己的知识。我们可以将搜到的答案内容看成是对自己的提示，理解了提示之后，放下手机或电脑，自己将问题再解答一遍，如果不熟练，那就再重复，直到熟练掌握为止。

第二节　因为粗心被扣分？养成这五个好习惯是关键

在做题中，由于粗心导致的错误，貌似很容易改正，因为在大家眼中，只要稍加细心，错误就能避免。但事实上，问题没有那么简单。粗心会导致错误反复出现，今天改正了这个错误，下一次又出现了另一个错误。这往往会令家长十分无奈。那么，粗心的原因到底是什么？如何才能避免由粗心导致的错误呢？

案例故事

妈妈在检查小希的作业。当看到小希写到“一辆小包车在马路上行驶”的时候，妈妈不禁笑出声音来。

“小希，妈妈问你，小包车是什么东西？”

“小包车？我不知道。哪里有什么小包车？”小希迷惑不解。

“你自己看！”妈妈指着作业本上小希的字。小希自己都笑了。

“哦，我写错了，我应该写小汽车。这个我会写，只是写错了。”

“下次可要注意哦！”

“好的！”

在妈妈为小希检查作业的时候，这样的情况经常出现。妈妈想：小孩子嘛，粗心在所难免，她肯定是能写对的，稍微注意一下就好了。

小希也这样想：没关系的，我是会的，只要我不粗心，下次一定能写好、写对。

妈妈和小希都没有把这件事放在心上。虽然妈妈有时也会建议小希写完后检查一下，但小希总是说："那太浪费时间了，妈妈，反正错误也不大，我下次注意就好了！"

一切就这样进行着，直到某次数学测试。小希的分数是85分。85分在班级中大概是什么水平呢？那次考试全班大多数同学都在90分以上，还有3位同学100分。妈妈看到小希的试卷，开始着急了！一般情况下，小希的成绩会在班级中等偏上的位置。但这次也太糟糕了！

妈妈在看小希的试卷时发现，在一道计算题中，题目中的数字是65，但是在计算中小希是按照66来算的，结果肯定是相差甚远。在另一道应用题中，小希直接忽视掉了一个条件，计算的结果可想而知。这两道题，就让小希失去了10分！多可惜！

"小希，你看，你怎么能犯这样的错误？"妈妈的语气有些严厉。

"怎么啦？不就是看错了数嘛！我又不是不会！"小希也感到很可惜。

"那这道应用题呢？这不写得清清楚楚嘛！你没有看见？"

"我就是没有看见！"小希的声音也提高了。

"你为什么不认真看呢？"妈妈的火气也上来了。

"我看了呀！只是当时没有看见！我太着急了！您那么着急干吗？我又不是不会！"

"既然你会，那就要做对呀！"

“我不就是没仔细看嘛！要是您在身边就好了，您告诉我哪里错了，我肯定能改对！”

“这怎么可能！你要靠你自己将试题做对才可以！我天天给你检查作业，你的成绩怎么还下降了！再说，你怎么还埋怨我呢！”妈妈的语气里满是委屈。

“妈妈，我没有埋怨您！”小希赶紧劝妈妈：“我不就是粗心了嘛。”

“粗心，粗心！跟你说了多少次了，你就是不能细心！”

“我也想细心啊！可就是不知道怎么办！”小希也急了。本来自己能将那些题做对，可是因为抄错了数字，或者没有看到题中所给的条件，就让自己考试分数不理想，惹得妈妈不高兴，自己也沮丧。

其实，小希的话也让妈妈吃了一惊。怎么努力才能避免这样的问题呢？自己天天为孩子检查作业，天天提醒孩子做题要细心，可是效果并不明显。

于是，妈妈做了一个决定，从那天晚上开始不再帮小希检查作业。小希写完作业后，想把作业递给妈妈，妈妈摆了摆手说：“不要给我了。你自己看看有没有问题？”

“那太浪费时间了。”小希不愿意。

“磨刀不误砍柴工。”妈妈说道：“你自己检查，发现错误自己改正。”

小希特别不情愿，但是也没有办法，她开始自己检查，可是无论怎么看，都觉得自己做得是对的。但是第二天，老师检查作业的时候，又发现了许多错误。

对家长说

一说起考试，就不得不提孩子“粗心”的问题。有的孩子考试时忘记写名字；有的孩子答题漏掉一个小数点、写串行；有的孩子认为试题简单，不审题就立马写下答案……粗心听上去并不是什么大问题，孩子总是说“下次注意就好了”，家长也会觉得这不是什么大事。但是在关键时刻，这些小错也会造成大的损失，教训也非常惨痛。高中老师常常会对即将高考的学生说“高考丢一分，相差一千人”，以此提醒学生们，考试时要细心，千万不能因为马虎，丢掉了关键的几分。

大家往往有这种的心理：如果是因为题目真的不会而失去得分机会，倒是心甘情愿地认了，而明明自己会做却没能得到分数，才更令人不甘心。正如伏尔泰说：“使人疲惫的不是远方的高山，而是鞋子里的一粒沙子。”粗心就是那粒沙子。

粗心也是每次考试之后孩子们最常归纳的失分原因，然而这样的总结可能并没有找到问题的根源，反倒成为一种标签或借口。在归纳为“粗心”之后，事情就解决了吗？并没有。我们真正要去做的，是去思考粗心背后真正的问题是什么，以及如何解决粗心的问题，避免下次再犯。

孩子粗心，经常有以下几个原因。

1. 注意力不集中

有的孩子在写作业时，心里装着其他事情，比如想玩手机、想看电视、想找同学玩。这些想法都在影响孩子的专注程度。当孩子的思维被分散到这些干扰性事务上的时候，孩子的作业就很容易出现错误，如笔误、漏看等。

2. 知识掌握得不扎实、不牢固

在考试的时候孩子将题目做错了，家长一定要考虑，是否因为孩子对知识的掌握还不熟练，甚至是一知半解。虽然之前的某些时候孩子能将题目做对，但可能有运气的成分在里面。例如，对一个数学公式、物理定理的记忆，由于记忆不牢固，练习得不够熟练，在考试时就容易出现错误。这种情况就不能归结为粗心的问题。

3. 做题具有思维定式

心理学中有一个名词叫“思维定式”，也称为“惯性思维”，是一种由先前的活动造成的对相关活动的特殊的心理准备状态，或活动的倾向性。思维定式对人们行为的影响分为两种情况：在环境不变的条件下，思维定式使人能够应用已掌握的方法迅速解决问题；而在环境发生变化时，它则会妨碍人们采用新的方法解决新问题。学生在做题时，经常受到思维定式的影响。如果新题目与练习过的题目相比没有发生变化，那么孩子做题会非常快速；但如果题目发生了变化，而孩子以为还是熟悉的题目，想当然地去解题，靠印象、经验去解答，那么就会出现错误。例如，当计算“820 ÷ 82=10”“760 ÷ 76=10”这些口算题后，接着计算“550–55”时，受思维定式的影响，孩子往往会把减法错算成除法，即“550 ÷ 55=10”。

下面让我们和孩子一起学习克服“粗心”的问题。

对孩子说

1. 作业尽量工整，培养良好的书写习惯

在做作业时，一定要重视作业的字迹，不一定要将字写得多么漂亮，但一定要写得工整，写得认真，切忌龙飞凤舞、字迹潦草。作业工整，这个看起来不起眼的要求，可以避免很多无心之失。当我们在工工整整写字的时候，注意力会集中在写字的内容上，做作业的专注程度越高，粗心导致的失误就越少。同时，工整的书写也能让检查变得简单，有错误时自己很容易就能看出来。在考试中，不工整的试卷，不仅会影响卷面分，而且也会因为字迹潦草，导致那些显而易见的小失误没有被检查出来。

2. 反复读题，不要急于下笔

不认真读题，是我们最容易犯的错，会造成不必要的丢分。受到“思维定式”的影响，看到题目后，想当然地写答案，导致错误发生。所以我们平时一定要训练自己多读题。拿到题目后，不要急于下笔，而是先慢慢读题，把题目都看完，理解题意之后再来写解题步骤。此外，要利用好草稿纸。可以先演练一遍，有把握之后再工整地填写答案。这种答题的习惯虽小，在漫长的学习生涯中却有大作用。

3. 做好重点标记，提醒自己注意

在读题过程中要拿起笔来，对重点部分做标记，以提醒自己注意。例如，在做数学题时，对符号做标记，以提醒自己不要看错，导致答案错误。我们还可以想一些巧妙的办法，帮助自己改掉粗心的毛病。有一位同学，在测验的时候，和妈妈达成约定，那就是“题目看两遍”。每当进考场，孩子和妈妈击掌时，就要说一遍来提醒自己。还有一位同学，发现自己在做数学应用题时，总是忘记写“答”字，他告诉自己拿到试卷时先把“答”字写在试卷答题的位置，这样就不会忘了。

4. 认真检查，让错误无处可藏

改掉粗心大意的毛病没有什么捷径，只能通过反复注意来改变。首先，做题完毕后一定要检查。不要有偷懒的想法，而是要认真审视题目，认真检查自己的做题过程，甚至重新做一遍。粗心导致的错误往往藏得很隐蔽，我们要抱着仔细再仔细、认真再认真的态度，将它们找出来。其次，在完成之前要多检查几遍。同样的作业，别的同学检查一遍，容易马虎的同学就检查两遍。不要急躁，找出错误才能让我们的所学“颗粒归仓”。

检查作业或试卷也是有要求的。做完作业或答完试卷，要按顺序检查，每一题都要检查，千万不能越过那些简单的题目。有了检查的习惯，答题的失误率会大大降低。不管是考试还是平时的练习，都应该有意识地坚持高标准、严要求，讲究条理，做完之后要认真核对、验算、检查。如果长期坚持，就会“习惯成自然”。

5. 整理错题，集中消灭粗心的错误

想要减少犯错，就需要重视错误。我们可以将每次作业、考试因马虎做错的题都记录下来，提醒自己下次一定要注意。

还有，我们要在错题旁边写上出错的原因，比如审题错误、概念错误、思路错误等，方便看出自己的薄弱点在哪，有针对性地加强训练。对于典型的错误，我们要将它们整理到错题本中，并养成经常翻阅错题本的习惯，从错题中发现自己错题的规律。隔一周或两周，要重新做错过的题目，加深对错误题目的理解。如此一来，我们不仅能认识和改正错误，而且能系统地掌握知识点。

第三节　上课听讲总走神？脱掉课堂中的“隐形衣”

听课是学生学习的主渠道，听课看似简单，却对孩子的专注度有着很高的要求。注意力不集中、走神的现象影响着孩子的学习质量。孩子在听讲时，经常会“身在曹营心在汉”。看上去在认真听讲，思想却飘出了课堂。在老师不知道、自己不觉察的情况下，本应该学到的知识就从耳边溜走了。待到孩子意识到的时候，会发现自己学到的知识断断续续，很难衔接。如何避免这样的现象？如何做到专注听讲呢？

案例故事

家长会结束了，越越妈妈走出教室，心情有些沉重和焦虑。老师们表扬了越越乐于助人、关心集体的好品质，这让妈妈感到欣慰；但是，越越的成绩却总是没有提升。于是妈妈单独找到了老师。

“老师，孩子上课时会捣乱吗？”妈妈很担心越越会干扰课堂纪律。

“没有，从一定程度来说，越越非常守纪律。”

“那么，为什么他成绩上不去呢？”

“您来看看这些。”老师打开了越越的笔记本。笔记本上只有稀疏的几个字，没有任何整理的痕迹。老师又打开了越越的课本，课本上干干净净的，就像新的一样。

“越越妈妈，越越是遵守纪律的，遵守纪律是课堂学习的保障，但是，遵守纪律和学到知识之间，是有一小段距离的，那就是要‘紧跟老师，紧跟课堂脚步’。也就是说，孩子在课堂中必须跟着老师的节奏，有思考、有反馈、有行动，才能有更大的收获。”

接下来，老师说：“越越在课堂中总是有走神的现象。这非常影响他的听课效果。”

“哦，我知道了，老师，我回去再和越越谈谈，您也帮忙，帮越越提高课堂学习效果吧。”

妈妈往回走，一路上在思考：怎么办？自己能到课堂上提醒越越吗？不可能！再说，走神情况经常发生，自己怎么可能时时陪在身边？妈妈感到非常无助。

回到家里，妈妈当作没有事情发生，云淡风轻地问：“越越，今天上课怎么样？是不是有小测验？你成绩如何？”

越越眨了眨眼睛，感到妈妈的问话里一定还有其他信息。“妈妈，是老师告诉您我上课的事情，对不对？”

“嗯，是的。”妈妈觉得不能够隐瞒了，就接着说：“你能和我说说是怎么回事吗？”

“老师让我回答问题的时候，我回答不上来，不知道说什么好！”

“那你当时没有听老师讲课吗？”

“是的。当我听到老师叫我名字的时候，我立刻站了起来，但我的头脑里还是昨天玩游戏中双方对打的画面，就在感觉到自己快要赢了的紧要关头，老师突然叫我回答问题。我立刻回想老师刚才说了什么。但我什么也不记得了。周围还有其他同学在小声地笑我。”

“上课的时候，你头脑里还在想游戏的事情？”妈妈有些急躁了。

“是的，妈妈，我以后再也不玩游戏了！”越越不想谈论这件事情了。

“这不是游戏的事情，这是该怎么听讲才能不走神的事情。”妈妈的语气严肃起来。

“是呀！妈妈，老师讲课的时候，我不知不觉地就会去想其他的事情，就听不到老师讲课了。”越越也意识到了这一点。的确，怎么才能改一改，好好听讲，至少上课时不要那么尴尬呢？

对家长说

越越的问题，是上课不能集中注意力的问题，这也是许多学生的烦恼。在上课时，本想记住老师的讲解，可是不知不觉思想就飘到了其他的事情上面，身体还在教室，可是思绪越飘越远，游离于课堂之外。此时的学生，就像穿上了“隐形衣”，在老师的眼里，他是认真听讲的学生之一，以为他在和大家一起思考。他们乖乖的坐姿，会让老师忽视他们，可是事实上，他们沉溺于自己的小世界，根本没能吸收课堂的知识。

研究显示，一般情况下，青少年的注意力可以持续二十分钟左右，一节课时长四十五分钟的话，那大多数同学是没有办法做到完全集中注意力的。像越越这样在课堂中经常走神的学生，也不在少数。当走神情况发生时，老师很难注意到，因为老师在讲课，还要关注全班同学的反应，会以为学生在专注听讲。这样，本该到学生头脑中的知识，却在走神过程中悄悄溜掉了。所以说，课上遵守纪律和学到知识之间，是有一小段距离的。孩子在课堂中必须紧跟节奏，有思考、有反馈、有行动，才能有更大的收获。

如何脱掉课堂上的“隐形衣”，真正投入到课堂中呢？

下面让我们和孩子一起来学习一下。

对孩子说

1. 带着问题来听课

人们常说：“不打无准备之仗。”听课也是如此。在上课之前，我们可以对将要学习的知识进行预习，了解课堂上将要学习的知识点，对知识点进行思考，同时，要能提出自己的疑问，或者请家长帮忙设计小问题，然后带着期待、带着解决问题的目的来听老师的讲解。这样，在课堂中，我们就能够实现“问题驱动式”听课，将注意力落在问题的解决上，思路就会和老师的讲解保持一致，听课的效果也会得到提升。

如果问题没有得到解答，那么在课下要接着和老师探讨，让课堂的知识得到进一步拓展和延伸。在越越的故事中，他没有预习，所以在课堂中听讲，是被动接收老师的内容。在缺乏主动探究意识的情况下，注意力很容易分散。所以，带着问题进课堂，主动思考和研究，是脱掉课堂“隐身衣”的关键。

2. 随时回答老师的提问

“随问随答”是上课最好的状态。在课堂上，老师的提问一般分为两种形式：指定同学回答和全班齐答。当指定回答的同学不是自己时，我们会认为这是自己放松的机会，悄悄休息一下，这时就容易走神。当大家一起回答时，有的同学认为即使自己不回答老师也注意不到，这也容易走神。所以，我们要清楚，老师提出问题，不仅是对知识的考查，更是启发同学思考、吸引学生注意力的方法。当指定同学回答时，虽然没有指定自己，自己也要认真倾听同学的回答，并关注老师对他的回答的指导性建议。当然，自己在头脑里也要形成自己的答案，当答案正确时，给予自己肯定；当答案不正确时，从老师对回答问题的同学的指导中，修正自己的想法。当同学齐答时，更要大声回答。声音也是提醒自己专注听课的因素之一。所以我们要随时回答老师的问题，跟着老师的思路走，才不会走神。

3. 跟着老师记笔记

在课堂中手、脑、嘴并用，是防止走神的好方法。在课堂开始前，将笔记本、钢笔准备好，做好记笔记的准备。课堂进行时，随时记录老师讲解的重要内容。记笔记能够帮助我们记住所学的内容，还能够保持我们的专注力。我们在记笔记的同时，要对所记的内容进行分析和选择，同时，还要考虑笔记的分布、笔记的归纳，这样，我们的注意力就保持在课堂内容之中，不会游离到课堂之外。心理学研究表明，学生在课堂中采用多种形式并行的学习方式，能够让学生的学习更投入，单一的“听”与“边听边写”相比，一定是后者的学习效果更好。

第四节　工具、用品太杂乱？学学如何收纳

整洁、有序的学习环境，能够让学习者心情愉悦、更加专注，这非常有助于提高学习效率。而物品杂乱，放置随意，不能找到自己所需的物品，这些往往会让学习者抓狂！有条有理的收纳，能够节省我们找东西的时间，让学习过程更从容。所以，在收纳整理中，我们应改掉随意乱放、随手乱扔的坏习惯，让自己变得更有条理，这是重要的学习品质之一。

案例故事

上学时间已经到了，轩轩却还没出门，他正在书桌上胡乱地翻找着。

“我的橡皮怎么不见了？我明明放在这里的呀？今天考试涂机读卡的时候，万一涂错了，没有橡皮可怎么办？”

轩轩一边嘟囔着一边翻找，可是，任凭他怎么找，那橡皮就像长了翅膀，不知道飞到哪里去了。抽屉里、书桌下、床底下，都没有橡皮的踪影。

“妈妈，您能帮我找一下吗？”轩轩带着不耐烦，呼叫妈妈过来。

妈妈看着时间，也是十分焦躁，每次在轩轩找不到东西的时候，时间就过得特别快。再不出门，上学就迟到了！

妈妈压住火气，走进了轩轩的房间，跟着一通乱翻，还是没有

找到！

“要迟到了！”妈妈说道。

“那就不找了！实在不行就和同学借一下！”轩轩说这句话的时候，既有自己找不到橡皮的恼怒，也有一丝羞愧。因为找不到铅笔和橡皮，他已经多次向同学借用了，甚至有的时候他还要在考试过程中打扰别人，真的感到不好意思。那今天怎么办？也只能这样了！

妈妈开车送他上学，一路在和时间赛跑。总算安全到了学校，轩轩走进了校门，妈妈也松了一口气。

但后来，接到老师电话的时候，轩轩妈妈是崩溃的：轩轩的数学作业本落在了家里！轩轩在电话里说，希望妈妈将作业本给他送来。妈妈问他，数学作业本在哪里？轩轩犹豫了一下说：“也许在床上，也许在书架上，也许在抽屉里，您找找看吧。”

又是找！每天都在找！这种“寻寻觅觅”“不见踪影”的日子，可真烦恼！这个问题怎么解决呢？妈妈一边这样想着，一边寻找着。

轩轩又来电话了，作业本并没有落在家里，而是被夹在了历史书里！妈妈长出了一口气，也更加感到了事情的严重性。看一下轩轩的书桌，草稿纸、书籍、文具、果皮……满满铺在上面；看看轩轩的抽屉，玩具、文具、纸屑更是把抽屉填充得满满的，这怎么能找到东西呢？

对家长说

从故事中可以看出，轩轩是一个“不爱收拾”的孩子，东西随手乱放，不加整理，所以他的物品总是乱糟糟的，找到物品很难；同时，找东西总是特别浪费时间，这让自己着急，也让妈妈着急！轩轩应该学一学物品收纳，为物品找到固定的位置。当轩轩再需要哪个物品时，直接到那个位置找，那该多好！

要知道，学习收纳会给孩子带来很多的益处。

1. 可以培养孩子的条理性

当人们做事缺乏条理的时候，会发现自己每天忙得焦头烂额，却做不出什么实际成果，效率很低。这是因为做事缺乏条理，总是分不清事情的轻重缓急，所以会眉毛胡子一把抓，费力气却没有好效果。

整理、收纳的过程和做事的条理性有直接关系。孩子将物品一件一件进行收集，然后进行挑选、分类和摆放，这个整理和收纳的过程会让孩子的思维清晰，做事有条理。对孩子而言，如果从小建立这样的整理、收纳思维，那么他将来无论工作还是生活，都会井井有条。

2. 培养孩子的时间观念

寻找物品会增加时间上的浪费，打乱原定的计划，让原本顺利进行的事情“节外生枝”。所以，鼓励孩子将物品整理好，是提高做事效率的重要因素。整理收纳是一个全时段、全区域的行为过程。通过整理收纳的全时段、全区域的习惯培养，可以提升孩子的注意力、时间掌控力，增强孩子的时间观念。

3. 整理收纳能改善家庭关系

试想一下，如果一个家庭里物品摆放无规律、无秩序，家里拥挤，到处是杂物，会不会给我们和孩子带来了很多负面的情绪？答案是会的。尤其在找不到物品的时候，家里人往往会相互抱怨，让家中充满火药味。所以，父母要率先示范，带头整理家中的物品，同时带着孩子，一起设计、一起整理、一起打造清新舒适的家庭环境。在这个过程中，家长和孩子有了更多的共同语言，孩子通过整理收纳养成了良好的学习和生活习惯，家庭环境得到更好的维护，可谓是一举多得！

下面让我们和孩子一起学习如何做好收纳。

对孩子说

1. 分门别类法

面对杂乱多样的物品，不要慌，我们首先将它们进行分类，然后统一进行整理。比如，我们可以先按照内容分类，将课本、辅导书、试卷等分别整理，然后按照科目、时间进行第二次分类。这样，物品有了自己的组别，寻找的时候就方便多了。

2. 巧用空间法

充分利用书房中的墙面，安装置物架、隔板、挂杆、挂钩、挂架、磁铁等，让墙面发挥更多的功能。置物架上，可以放置我们的笔筒、空调遥控等随手使用的物品。墙上的挂钩，用来悬挂我们的衣服、钥匙、领结、领带、发夹等。隔板的作用就更大了，可以将我们的书籍按照科目，分隔放好，需要某科书本时，就到固定位置找，免除胡乱翻找的烦恼。

在这里，强烈推荐将小黑板作为自己的“备忘录”，将提示自己的事情写在上面，一抬头就能看到，时刻提醒自己。小黑板还可以作为自己的“加油补给站”，写上对自己鼓励的话语，激发学习的力量，这是非常棒的！

3. 标签定位法

标签法是指在物品上贴上标签，标明物品的名称和用途。这样可以让我们更加清楚地知道每个物品的用途，也更加方便我们找到需要的物品。比如，在收纳箱上贴上标签“初二物理书和试卷”。那么，我们在需要的时候，就可以实现对物品的准确定位。

4. 动手制作法

过有创意的生活，生活会更加美丽！我们可以在学习之余，利用旧报纸或者彩纸，跟着网上的视频，学做收纳盒！我们还可以利用矿泉水瓶子，进行剪切，做成小垃圾桶，既环保，又锻炼了动手能力，更可以从自己的劳动成果中收获满足感，这会让学习过程变得更加有趣。动手制作的过程，是思考研究的过程，也是学以致用、不断创造的过程，这是非常重要的学习方式之一。

5. 定期清理法

定期清理法是指定期对自己的物品进行清理，将不需要的物品清理出去。这样可以避免物品过多，让学习环境更加整洁和舒适。建议每个季度进行一次大清理，将不需要的物品全部清理出去。

在这里倡导实施“物品捐赠，爱心奉献”，将不用的物品，捐赠给有需要的人，让物品继续发挥价值。

第五节　学习总拖拉？高效利用碎片时间

宋代朱敦儒在《水调歌头》中写道：“白日去如箭，达者惜分阴。”意思是说，时光消失得如箭一样快，成功的人都会珍惜现在的光阴，劝说大家要珍惜时间。那么，如何高效利用好时间呢？在学习过程中，总是有一些没有被安排任何任务、未被计划的时间，因为零散、无规律，所以我们叫它“碎片时间”。这些碎片时间就在生活的不经意间，不小心就会溜走。而抓住了碎片时间，能让我们的生活更充实、更丰富、更有成就感。我们该如何抓住这些碎片时间，让碎片时间发挥更大的作用呢?

案例故事

家长会结束了。明明妈妈和鹏鹏妈妈一起走出了教室。

“老师提出建议，孩子在做完作业后，自主复习和预习。这个想法很好，可是他没有时间去做这件事啊!”明明妈妈的语气里满是疲惫。

“还是有一些时间的吧!”鹏鹏妈妈说道：“写完作业，再自主利用半小时左右，然后上床休息，还不算太晚。”

“鹏鹏大概几点能完成作业啊?”明明妈妈特别好奇。

“有时候9点，有时候9点半，还有的时候会到10点。大概就是这个时间。”

“怎么会这么早?”明明妈妈一脸惊讶：“明明从没有这么早完成过作业!”

鹏鹏妈妈也很惊讶：“他们的作业不一样吗?不可能啊!是不是明明写得特别慢?”

和鹏鹏妈妈分开后，明明妈妈一直在考虑这个问题。鹏鹏能够很早完成作业，成绩也在班级里名列前茅，他不可能在完成作业的过程中偷工减料。那么，明明的问题在哪里?

妈妈回到家里。明明正在写作业。看到妈妈进来，简单打了招呼，继续埋头写。

妈妈几次走进明明的房间，想看看明明是否在玩手机或者偷懒。有时候明明在询问同学问题，但是都没有发现偷懒的迹象。

时间在钟表的滴答声中溜走。快 10 点了，明明说：“作业终于要完成了！还有一项！”

“那一项是什么呀？”妈妈赶紧问。

“背单词。明天要听写呢。”

明明开始背单词。过了一会儿，房间里没有一点儿声音。妈妈进去一看，原来明明趴在桌子上睡着了！

“不要睡觉啊！”妈妈说着，用力把明明摇醒：“快抓紧时间背单词吧！”

妈妈看了一眼明明手里的英语书，问道：“老师要求你们一个晚上把这些单词都背完？”

妈妈的语气里是有质疑的，因为那些单词看上去可不少。

“不是的。这是好几篇课文里的单词，老师是分别布置的，但是我没有背。”明明的回答有些心虚。

“那你之前为什么不背？”妈妈严厉地问：“其他同学都是什么时间背的呢？”

“别的同学的情况我不知道。但我想几篇一起背，可是现在太困了，我背不下来。”明明委屈极了。

对家长说

上面的案例，是孩子不能利用碎片时间的一个小缩影。和碎片时间相对的，是整块的时间。在孩子的学习生活中，有许多的整块时间，如上课时间、午休时间、晚上回家做作业的时间。在这些时间之间，还有很多的小段时间，也就是孩子们的碎片时间。

随着孩子学习内容的加深，学习压力的增大，孩子会感觉时间越来越不够用。但是，我们需要让孩子知道，自己的手里其实也有很多的碎片时间？如早晨起床之后、课间、等公交车时、乘坐公交车的途中……更重要的是，这些碎片时间经过合理设计和规划，是可以发挥大作用，促进学习的。

利用好碎片时间可以提高学习效率。孩子可以在早晨起来的洗漱时间听英语音频，可以在课间和同学、老师探讨问题。这样，一些学习任务就能在碎片时间内完成。在案例中，明明将所有作业完成后，集中整段时间背单词，感到特别疲惫，不能将单词全部背下来。试想一下，如果他能利用课间或乘车时间背单词，是不是单词就能在碎片时间里背下来了？他完成作业的时间是不是就能提前了？将碎片时间利用好，会让学习效率更高。

利用好碎片时间，会让孩子的生活更充实，因为在短而散的时间里，他们也能有自己的收获。同时，抓住碎片时间，还能让孩子的生活更丰富，并且提高学习效率，让孩子能够有更多自主支配的时间，可以选择看看课外书籍、培养兴趣爱好……这些都会让生活更美好。

很多孩子往往容易忽视碎片时间。他们认为这些时间太短，不值得利用，和同学们说笑一下，时间就过去了。还有的孩子不能在短时间内集中精力，他们的注意力是分散的，时间也在思绪飘忽中流逝。还有的孩子根本没有意识到碎片时间的存在，在潜意识里就没有把碎片时间安排到可利用的时间中。这些需要大家重新将碎片时间进行整理和规划，以便更好地利用好碎片时间。

下面让我们和孩子一起来学习下如何安排自己的碎片时间。

对孩子说

1. 整理碎片时间，摆脱随意安排

要想真正有效地利用好碎片时间，我们一定要做到对碎片时间心中有数，做到有计划、有规律地利用碎片时间，而不是随意利用，什么时候想起来就什么时候用一下。

对于学生来说，固定碎片场景基本可以分为六类，分别是：早上时间、通勤时间（包括等车和乘车途中）、课间、午餐至午休前、晚餐至做作业之前、完成作业到上床睡觉之间。将这些时间统计好之后，我们再思考如何有效利用。

2. 研究碎片时间，做到各有所用

碎片时间各不相同。首先，它们有长有短，长一些的大概有 30 分钟，如通勤时间、午餐至午休之间的时间；短一些的有 10 分钟，如课间、等车时间。其次，它们分布在一天中的各个时段，有清晨，有中午，还有晚上。最后，它们前后所连接的内容不同，例如，课间在两节课之间，午餐时间接下来就是午休了。

我们要根据碎片时间的特点，安排能够完成的内容。从碎片时间的长短来看，在长一些的时间里，我们可以看书；在短的时间里，我们可以背几个公式和单词。从时间的分布看，清晨时间头脑清醒，适合记忆与背诵；晚上时间适合复习。从连接的内容看，课间要思考上一节课的内容，并为下一节课做好准备；午休时间前要安静思考，不适合激烈讨论。

在这里，我们可以做一个简单的碎片时间利用表：

清晨刷牙、洗脸时间：听英语

等车时间：背单词

乘车时间：背课文（如果乘地铁可以看书）

课间：探讨问题

午餐时间：听音乐（可以建议班级在午餐时一起欣赏歌曲）

晚餐时间：家庭时间

睡前时间：看书、画画（依据个人兴趣）

关于课间时间的利用，在这里有一个补充建议：给课堂加个小尾巴。即在下课之后，不要急于合上书本，走出教室，而是要稍微停一下，让自己在课堂的情境中再“浸泡”一下，快速回想一下课堂内容，如有问题立刻找老师询问。因为我们知道，遗忘的速度是先快后慢的，下课时的回想是克服遗忘的好方法，同时，有问题立刻解决，也会让课间时间利用得更加充实。

3. 制订长远目标，化碎片为整体

时间是碎片化的，但我们的思维、我们的目标是整体的。我们要对碎片化时间的利用有个整体规划和设计，将整体中的小部分落实到每个碎片时间内，最后达成我们的整体目标。

我们以阅读《平凡的世界》这本书为例。《平凡的世界》共三部，五十四个章节。我们可以制作这样的表格：

《平凡的世界》阅读计划				
日期（以周为单位）	完成章节	每天完成内容	可利用时间	完成打√
第一周	1 ~ 3章	周一：1 ~ 10页	地铁时间	√
		周二：11 ~ 20页		
		周三：20 ~ 25页		
第二周	4 ~ 6章	……		

虽然是利用碎片时间，但是我们的目标是一个大整体，这样，碎片时间之间就具有了系统性和关联性，其意义会更加突出。

4. 科学安排时间，劳逸结合

碎片时间的利用，是为了提升学习效率，让时间利用得更充分。我们要针对自己的情况，做适当安排，科学调整，找到最适合自己的时间利用方法，切忌盲目追求时间上的高效，导致学习效果的降低。

第三章

有趣的同伴合作，让学习的热情更高涨

孩子需要成年人的呵护，但也需要同伴和朋友的陪伴。

《论语》中说："三人行，必有我师焉。"孩子可以从同伴身上学到知识。

古罗马哲学家西塞罗曾说："朋友，可以把快乐加倍，把悲伤减半。"孩子可以从伙伴那里得到快乐。

西班牙文学大师塞万提斯曾说："看你的朋友，就可以知道你是什么样的人。"伙伴是孩子的镜子，能够让孩子自省，更好地认识自己。

古希腊先哲亚里士多德说："友情最重要的不是接收爱，而是奉献爱。"孩子可以从友情中学会理解、关心和奉献。

美国开国元勋乔治·华盛顿说："真正的友谊是一种缓慢生长的植物，必须经历并顶住逆境的冲击，才无愧友谊这个称号。"友谊让孩子学会耐心和克服挫折。

法顶禅师说："如果想交到好朋友，自己必须先成为好朋友。"朋友可以使孩子成为更好的自己。

我们相信，伙伴、朋友之间的友谊，对一个人的意义比上述还要多。

家长一定要协助孩子去建立一个和谐的同伴群体。因为当一个孩子失去了同伴群体的时候，他的成长就容易出问题，甚至是终身不可解决的问题。被拒绝、被误会、被疏远、被孤立……这些问题经常困扰着孩子们。由于经验不丰富、心智不成熟、视野不开阔等原因，许多孩子陷入烦恼的旋涡不能自拔，不仅影响学习效率，更因为与他人的关系问题而产生恐惧心理，不敢再去交朋友。

家长们注意到孩子的这些问题了吗?

有些家长说:“这些小屁孩,能有什么事情啊,在一起玩就好了嘛!”其实,小屁孩儿有小屁孩儿的快乐,更有小屁孩儿的烦恼。成绩的比较、意见的不统一、共同的朋友亲近A而疏远B,在孩子的世界里,都是大事,都在影响着他们的友谊,让他们焦虑。

还有些家长说:“我看我家孩子天天上学,没和我说他有什么问题啊!”其实,这是因为家长不了解青春期的秘密。青春期的孩子,除了身体上的变化,更有心理上的变化,如情绪波动大、做事易冲动等。他们还有青春期的小高傲,认为自己长大了,不好意思将烦恼告诉家长,于是把问题藏起来。所以,不是孩子没有问题,只是孩子没有让你发现问题。

家长们,要用明亮的眼睛去发现孩子的问题;用细腻的心思去体察孩子的心理;用巧妙的智慧去帮助孩子解决问题;用鼓励的话语去推动孩子建立友谊。总之,用爱,给孩子去沟通、去交流、去交朋友的勇气,让孩子享受与伙伴同行的幸福!

第一节 输给了竞争对手？让科学竞争促成长

不要小看孩子们的世界，他们中的竞争也是无处不在的。竞争可以激励孩子们进步，让他们拥有更高的追求。如果一个孩子没有竞争意识，可能就会缺乏前进的动力，学习效率令人担忧。但是，如果一个孩子过于看重竞争，过于好胜，也会被竞争心理压垮，干扰自己的学习和生活，阻碍孩子的进步。如何让竞争意识在孩子成长过程中发挥积极作用，真正成为孩子前进的动力呢？

案例故事

明明回到家里，妈妈立刻迎上来："宝贝，回来啦！快吃点水果，这特别新鲜呢！"明明却看也不看一眼，低着头，把书包扔在了地上，走进了房间，"啪"的一声关上了门。妈妈能够听到他将自己摔到床上的声音。

"明明，怎么啦？"妈妈立刻走进明明的房间。

"您出去！"妈妈想把手放到明明的肩膀上，可是还没有坐下来，就听到明明的喊声。妈妈愣住了。

"来，告诉妈妈，怎么了？"妈妈还在向明明伸手。

"出去，不要理我。"明明的声音提高了。

"你是怎么了！"妈妈也愤怒起来："太过分了吧！你放学回来，招呼都不打！给你准备水果，你也不感谢！真令我伤心！"妈妈越说越激动，她感觉自己特别失望、特别委屈。

“您出去吧！”明明还是这句话。

妈妈的抱怨突然被打断了。她只好走出了明明的房间，眼泪也流了出来。她坐在沙发上，望着那盘水果，不知道做什么才好。

明明的房间里一片寂静，也有一些压抑。明明感觉喘不过气来。怎么这次考试，又输给了李哲呢？而且只有两分之差，太遗憾了！如果自己再多答对一道选择题就好了！他的心里满是懊恼，他仿佛看到了同学们嘲笑他的眼神，这真是让他无法忍受！他只想赶紧回家，躲开大家，让自己单独待一会儿。可是，妈妈却在一边不停地说话。尤其是自己的反应，还让妈妈特别愤怒和失望。自己怎么什么都做不好！他在埋怨自己，对自己特别失望。

到该做作业的时间了，明明趴在桌子上，却什么都不想写。他的头脑里全是李哲的样子。也许他现在正在得意吧？一想到这里，明明就更加烦躁了。他将手里的笔扔在桌子上，躺到床上去了。

仿佛是命运的安排，从小学开始，明明和李哲就在一个班里。他们有着共同的爱好，听音乐、踢足球、打游戏，一聊起这些，他们就有说不完的话题。他们的成绩，在班级里也是不相上下，经常同时受到老师的表扬。随着他们上了初中，明明感觉到，他们的共同爱好还在保持着，可是，他们之间的“较劲”也逐渐明显起来。尤其在学习成绩上，他们都想超过对方，心里暗暗较劲。尤其是明明自己，特别渴望超过李哲。当超过李哲时，他会感到兴奋不已；当被李哲超过时，他又会非常低落。甚至有时候，他会在考试前偷偷地想：要是今天李哲生病不参加考试多好！其实李哲也感觉到了明明带来的紧张感，他们虽然也会聊天，但是总觉得少了之前“好哥们”的亲切与和谐。

今天考试，李哲的成绩又一次超越了明明，这令明明忍不住愤怒！怎么办呢？怎么能超过李哲呢？

此时的妈妈也在思考，明明今天是怎么了？

妈妈询问明明的另一个好朋友王晓晖，他和明明是同班同学，也是明明的好朋友。晓晖说：“没有什么特别的事情啊！今天数学测验，明明考了 97 分，老师还表扬他了呢！”

“哦，那你们班的最高分是多少呢？”

“是李哲，99 分。”

妈妈明白了。因为明明不止一次在家里说，他特别希望超过李哲，自己也鼓励他超过李哲。看来，今天孩子是对他自己失望呢！

对家长说

从上面的故事可以看出，明明是一个争强好胜的孩子。他希望自己战胜竞争对手。当自己失败的时候，就会情绪低落，怀疑自己，甚至敌视竞争对手。

首先，在生活中，竞争是无处不在的。竞争给人们带来了什么呢？有这样一则故事：一位动物学家在考察生活于非洲奥兰治河两岸的动物时，注意到河东岸和河西岸的羚羊不大一样，前者繁殖能力比后者更强，而且奔跑速度更快。他感到十分奇怪，既然环境和食物都相同，差别为何如此之大呢？为了解开这个谜题，动物学家和当地动物保护协会进行了一项实验：在河两岸分别捉 10 只羚羊送到对岸生活。结果送到西岸的 10 只羚羊繁殖到了 14 只，而送到东岸的羚羊只剩下 3 只，另外 7 只被狼吃掉了。谜底终于揭开了，原来东岸的羚羊之所以身体强健是因为它们附近居住着一群狼，这使得羚羊天天处在竞争环境之中。为了生存下去，它们变得越来越有战斗力。而西岸的羚羊长得弱不禁风，恰恰就是因为缺少天敌，没有生存压力。

从故事中可以看出，出现对手、压力或磨难是必然的，但是那些并非坏事。有时候它们能成为促使你成长的潜在动力。真正迫使人们到达成功彼岸的，也许不是朋友，也非顺境，而是那些强劲的对手。从这个意义上说，我们要对竞争者怀有感激之情。竞争有利于提高个人工作和学习的效率，锻炼意志品质。当一个人在与他人竞争时，总会遇到相应的困难和阻碍，但在这时，他必然会拿出自己的实力，尽全力去克服困难与挫折。这也是竞争带来的意义。

当然，如果是恶意的竞争，也会让人们心理失衡，相互伤害，甚至给社会造成损失。故事中的明明与李哲存在学习中的竞争关系，如果二人相互帮助，相互启发，同时进步，并且以对方的进步来激励自己，那么这个竞争就是成就孩子的良性竞争；如果明明在此过程中，心理失衡，情绪失控，把竞争完全看作压力，阻碍了自己进步，那么，明明就要调整心态，学习科学竞争的方法，避免竞争带来的不良影响。

下面让我们和孩子共同学习如何正确看待竞争。

对孩子说

1. 正确看待对手

要知道，在未来社会中，竞争是不可避免的。小鱼争上游，小树争阳光。在学习上有了对手，或暗暗找个对手作为自己前进的动力，是提高自己竞争力的好办法，但要注意的是，要把对手当作自己的竞争伙伴，而不要当作敌人，要羡慕而不是嫉妒，要通过公平的竞争来锻炼自己超越他人。

2. 有韧性，有迎接竞争的锐气

竞争能让自己进步更快。古罗马诗人奥维德说过："一匹马如果没有另一匹马紧紧追赶并要超过它，就永远不会疾驰飞奔。"这句话充分地阐释了竞争的重要性。一定的竞争可以激励我们，让我们向着自己心中的目标努力奋斗。同时，竞争也在激励我们进步。竞争让我们更快地启程，到达理想的目的地；竞争让我们更好地播种，收获更大的成功。想想，若世间没有竞争，人们就容易产生惰性。所以，要勇敢迎接竞争，而不是逃避。

3. 意识到恶性竞争的不良后果

良性竞争可以促进学习的进步，而恶性竞争会带来不良的后果。在《三国演义》中，周瑜虽然明白诸葛亮是一个人才，很厉害，但是不能为己所用。他和诸葛亮的相互竞争体现在草船借箭、借东风火烧赤壁等事件中，最终周瑜被自己的嫉妒之心打败。

如果因为同学间的竞争，给自己造成了心理压力，影响了心情和学习的效率，就必须要引起注意，设法避免。因为，科学的竞争者，总是在思考中迎接风险，而在行动中想方设法使风险降到最低，或者是极其巧妙地避开风险。

4. 培养自己广阔的视野和多元的价值观

如果只把目光盯在一位竞争者身上，就容易"钻牛角尖"，产生失败、苦闷的心理。我们要拓宽自己的视野，见识新的风景，体验新的生活环境，和不同的人交往。还要多阅读书籍，体验书中知识的奥秘。这些体验，能够让我们的经历更丰富，胸怀更宽阔，从更高的层次看待问题，寻找解决办法，而不是钻牛角尖出不来。同时，丰富的经历，宽阔的视野，也会帮助我们建立多元价值观，从多方面对事情进行评价，认识到事物的多元价值，对事物的评价更客观，心态更平衡。

5. 有接受失败、再次出发的勇气

在故事中，明明希望李哲别来考试，以避免竞争的存在，这是非常不可取的。如果对竞争对手存在恐惧心理，或者有逃避、不想面对的想法，就会形成思想上的包袱，增加自己的心理压力。我们要知道，强者就是在压力中成长的，打败我们的往往是内心的恐惧。因此，要放平心态，鼓励自己积极向前。不要过于看重对手，而要修炼自己的本领，增加自己的勇气，以更好的心态迎接挑战。如果自己真的失败了，那就反思自己的不足，找到提升的办法，刻苦练习，为下一次做好准备。

有一个美国的大学篮球教练，执教于一个很普通的球队。因为连输了十场比赛，队员们都想放弃，教练说“不可以”。结果第十一场比赛打到中场时又落后了 30 分，休息室里每个球员都垂头丧气，教练说道：“你们要放弃吗？”球员嘴巴讲不要放弃，可动作表明他们已经承认失败了。

教练又开始问：“各位，假如今天是篮球之神乔丹遇到连输十场、在第十一场又落后 30 分的情况，他会放弃吗？”

球员道：“他不会放弃！”

教练又说：“假如今天是拳王阿里被打得鼻青脸肿，但在钟声还没有响起，比赛还没有结束的情况下，他会不会选择放弃？”

球员答道：“不会！”

教练又问：“假如发明电灯的爱迪生，他遇到这种状况，会不会放弃？”

球员回答：“不会！”

教练问他们第四个问题：“米勒会不会放弃？”这时全场非常安静，有人举手问：“米勒是哪个人物，怎么连听都没听说过？”

教练带着淡淡的微笑道：“这个问题问得非常好，因为米勒以前在比赛的时候选择了放弃，所以你从来没有听说过他的名字！”

只要不放弃，就有机会；只要放弃，就肯定是不会成功。这就是成功的秘诀。

这位教练给队员灌输的观念是：没有失败，只有暂时停止成功；过去的失败不算什么，这次是全新的开始。这令队员们信心百倍，继续坚持。

所以，成功者永不放弃，放弃者决不成功，我们要分析自己的不足，继续努力，直到成功。

第二节　被同学孤立了？这样调整更有效

每个孩子都希望生活在和谐、融洽的班级里。但是，出于忌妒别人、看不起别人、认为事情处理不公平而心理不平衡等原因，班级中容易出现孤立某个孩子的现象。这会给被孤立的孩子带来很大的伤害。当被同学孤立时，孩子往往会痛苦，惊慌失措，还会因为担心事情扩大化，不敢告诉老师和家长。别焦虑，冷静分析，勇敢面对，这件事情可以得到解决。

案例故事

早晨，妈妈喊鹏鹏起床。鹏鹏懒懒地回应着，但是并没有起来。

妈妈伸手去拉他。他顺势拉住了妈妈的手："妈妈，我不想去上学了。您帮我和老师请个假吧。"

"这怎么可以呢？"

"妈妈，求求您了，您帮我请个假，就说我病了，头疼。我真的想休息。"

"孩子，我不能撒谎！你现在起来，马上去上学。"妈妈的语气中带着命令。一般情况下，妈妈用到这种语气的时候，鹏鹏就会乖乖听话。

可是今天，这种语气没有带来任何效果。鹏鹏依然赖在床上。用被子盖住了脸。

"孩子，你要告诉妈妈，到底怎么回事？"

犹豫了一下，鹏鹏说："班里的同学都不理我。"

"他们都不理你？"妈妈非常惊讶。

"也不是。只有阳阳他们几个不理我。他们偷偷笑我。"

"阳阳不是你的好朋友吗？"妈妈接着说："他们为什么这样做？我去问问他们！"

"您就别管了！反正我今天不想上学了。"

时间到了，妈妈没有办法。给老师发了请假信息："老师您好，鹏鹏今天情绪不好，需要调整，请您允许孩子休息一天。回头我单独和您联系。谢谢。"

妈妈让鹏鹏吃早饭。鹏鹏没有回应，自顾自地躺着。妈妈百思不得其解。

上午晚些时候，妈妈拨通了班主任的电话，反映了情况，并询问老师原因。

“平时，鹏鹏总是独来独往的，在所有同学中，他和阳阳说话、聊天是最多的。近几天没有看到他们在一起。您稍等，我询问一下同学，了解一下情况。”

过了一会儿，老师回电话了。原来是这样：这次年级进行“美丽声音”校园歌曲大赛，每个班级有一个参加名额。阳阳特别想得到这个机会，因为他特别喜欢唱歌，也经常在班里表演。鹏鹏是学校合唱团成员，一直跟着音乐老师训练。所以在做推荐的时候，音乐老师推荐了鹏鹏。

“可能是阳阳认为自己没有被推荐，心理有些不平衡。”老师继续说：“您和鹏鹏沟通一下，是不是因为这件事？”

妈妈和鹏鹏沟通，鹏鹏也说是的。他对妈妈说：“阳阳可能认为老师偏爱我，不公平。我一出声音，他们就笑，让我很尴尬。”

“那你当时怎么做的？你可以回击他们呀！”

“我怎么回击？他们一起偷偷地笑，我一看他们，他们就停止。我问他们笑什么，他们说没事没事，和你没有关系。我能阻拦别人让他们不要笑吗？还有，平时他们关系就很好，他们像是商量好的！”

“那你是怎么做的？”

“下课时，我自己出去，离他们远一点。上课时就不能躲出去了。我总担心他们笑我，我就特别不专心。尤其是上次老师表扬我作业认真的时候，我仿佛听到了一个小怪声。我没有回头看，但是心里特别不舒服。”

鹏鹏接着说："妈妈，我想在家里静一静，让我自己在家待一天吧。"

妈妈能够理解鹏鹏的感受，也觉得他言之有理。阳阳没有伤害鹏鹏的身体，但是对他的心理造成了干扰。鹏鹏没有错，但是他遇到问题就躲在家里也不是正确的解决办法。怎么办？

对家长说

从故事中可以看出，鹏鹏遭遇了被孤立的烦恼。这令他不知所措，因而采取了躲避的态度。他宁愿在家里自学，也不愿意去面对同学。但是这样能解决问题吗？当然不能。

学生在学校里被孤立不是新奇的事情。被孤立的原因有许多，主要包括如下几个：

1. 习惯独来独往，融不进集体的圈子

独立是一件好事，但是总是脱离集体、特立独行就不是好事了。人是社会性的、群体性的，需要有朋友和伙伴一起做事、一起学习，保持在集体之外，就容易受到孤立。

也许有人会问，我们不是要培养个性化的孩子吗？是的，但这与融入集体并不矛盾。培养个性化的孩子，目标在于让孩子能够独立思考，辩证分析，不人云亦云；目标在于培养孩子的自主意识和自觉能力，培养孩子的人文素质和在社会变动中的适应能力、创造能力。个性化的孩子不是怪癖的、远离人群的，相反，他们能够更好地与人相处，并积极处理相处过程中遇到的问题和挑战，让群体变得和谐向上。

2. 孩子本身优秀，但不善于关注周围人的心理

人与人之间相互比较，可能会产生羡慕、妒忌的心理，这是正常

现象。当孩子在某一方面优秀时，可能让同学产生妒忌的心理。孩子在和同学相处时，要关注周围同学的心理变化，并对可能出现的现象有所预判。如果这种妒忌成为激励自己的动力，则是好的；如果未能正确处理妒忌心理，有言语、动作上不正常的现象，则要积极采取沟通、求助等措施。

在鹏鹏的故事中，阳阳认为此事不公平，将心中的不平衡以嘲笑的方式发泄到了鹏鹏的身上。鹏鹏在此现象出现端倪时，就要积极采取措施，而不是到不能收场时才去躲避。

3. 不善于求助

求助，也是解决问题的方式。十几岁的孩子处于半成熟期。他们会认为自己已经长大，有能力独立解决问题。他们会不好意思向老师和家长求助，担心老师和家长看不起自己，同时也会担心把事情“扩大化”，让同学看不起自己，于是选择自己面对。但是，经验的缺乏、视野的受限、心理的不成熟等因素，往往会导致他们解决问题不顺利，自己受到更多伤害。

“一个好汉三个帮”。积极选择合适的求助方式，是孩子在成长过程中需要学习的技能。

面对以上问题，鹏鹏应该怎么做，才能够走出家门、走出困境、专心学习，快乐地与同学相处呢？下面让我们和孩子来共同学习。

对孩子说

1. 调心态，稳情绪，绘问题导图寻找解决办法

我们要知道，在与他人的相处中，常常会遇到各种问题，不必大惊小怪，更不要惊慌失措，而是要稳定情绪，以平静、淡然的心态看

待这件事情。

如何去解决问题，才是我们思考的重点。我们要分析事情的起因，找到问题所在，研究解决的办法，积极面对被同学孤立的局面。

针对案例，我们可以分析一下：

问题的核心：

鹏鹏的问题：不合群，未能帮助他人，胆怯

同学的问题：妒忌嘲笑他人

可能的解决方式：与同学搞好关系

最佳的解决方式：绘制思维导图，厘清思路，找到办法

2. 听故事，激信心，积极面对被孤立的困境

古今中外，许多优秀人士，因为头脑清晰，不轻易被周围环境左右，才取得了巨大的成功。所以我们要能控制自己的情绪，有坚定的信心，敢于面对困境，追求自己的成功。

这个故事会给我们带来启发：有一次，苏格拉底在街上行走，有人用棍子打他的背，痛得他无法站立而蹲下去，别人以为他会反抗，但是他没有。他很快若无其事地站起来。目睹整个经过的旁人，看见他的反应，好奇地问他："你挨打，为什么不还手？"苏格拉底微笑地回答："当一只发野性的驴踢你时，你会还它一脚吗？"

这样的故事还有很多，我们要多读它们，给自己信心和底气去面对问题，当别人的言行不正确时，我们要坚信自己，坚定信心，勇敢走下去。

3. 做好自己，也帮助他人

我们要坚持做好自己。不要因为别人的嘲笑而怀疑自己，看轻自己。我们可以凭借自己的力量，去帮助别人，改变别人的看法，让别

人感受到来自我们的温暖。例如，自己的数学成绩比较好，在提升自己数学成绩的同时，为其他同学讲题，分享自己的经验，帮助其他同学进步的同时促进自己的成长。同学关系好，一起提升成绩，达到双赢的效果。人们常说："一个人可以走得很快，但是一群人才能走得更远。"所以，要用自己的力量帮助别人一起走，帮助别人消除妒忌心，和别人建立友谊，一起到达更远的地方。

4. 求助老师，改善局面

我们可以向老师客观、真实地反映情况，寻求老师的帮助，这对问题的双方，即被孤立的同学和孤立别人的同学，都有益处。

一方面，老师会安慰被孤立的同学，为他提供建议，让被孤立的孩子得到温暖和支持。另一方面，老师会帮助孤立别的同学的那个学生意识到自己的做法是不正确的。人难免有妒忌之心，但是要将它转化为前进的动力，而不是伤害他人。老师要告诉他处理问题的正确方法，为他今后的学习和生活做好引导。

所以说，求助不是"告状"，而是帮助双方进步的好方式。

第三节　同学提出不合理的要求？勇敢地坚守底线才是正解

孩子经常遇到这样的问题：明知同学的要求不合理，却不敢拒绝；明知自己做不到，却不敢明确地说出来。他们往往担心，如果自己不答应对方，对方就不再和自己做朋友。事实上，孩子需要知道，没有原则，是不会换来真正的友情的！做人做事要有原则，有底线，发现事情不正确时，勇敢地说“不”是对对方和自己最大的保护，也是真正的友情保障。

案例故事

教室里特别安静，同学们在认真答题。翻卷子的声音、笔尖落在纸上的声音，让教室里的氛围更加紧张。这是数学期中测试，老师们、同学们都为此次考试做了充分的准备。监考教师是班主任张老师，她站在教室前方，目不转睛地看着同学们。

芳芳低着头，她将眼睛用力向上抬，望向张老师。当张老师的目光扫视到她这个角度的时候，她立刻将眼皮落下，做出认真看卷子的样子。

时钟滴答地走着。芳芳心里盼望着张老师能够望向窗外，或者看某个同学，多看一会儿。总之，她希望自己能逃离张老师的视线，哪怕只有几秒。

芳芳的手有些颤抖，手心出汗了。在她的手里，有一个小纸条，是这次试卷中选择题的答案。

在考试前，同学丽丽悄悄对她说：“芳芳，我想求你帮忙，把你的选择题答案传给我好吗？”

芳芳犹豫地说：“我的答案也未必正确啊！再说，这不是作弊吗？”

“你的数学一向都很棒！没有问题的，你的答案一定是正确的！”

“那我也不能作弊啊！被老师发现了怎么办？”芳芳小声说。

“你把答案写在小纸条上，趁老师不注意，就扔到我的桌下。我装作到地上捡东西，把纸条拿在手里就好了！放心吧，老师不会发现的。”

“我不敢，我担心老师发现！”

“你是我最好的朋友，对不对？如果老师发现了，我会说是我的问题！求求你帮我，不然我的成绩太低，妈妈不知道又会怎么批评我呢！拜托！下次你有事情，我也帮忙啊！”

丽丽恳求、催促的语气，让芳芳不知如何是好。

芳芳是班级中安静又害羞的女孩。她说话声音又小又低，但是芳芳喜欢自己思考，成绩也一向很好！

芳芳总是担心同学们不喜欢自己。她看到同学们表演、演讲、唱歌，心里特别羡慕，想到自己没有这些特长，总感觉低人一等。她总是静静地坐着，看着同学们的表现，也希望加入他们的队伍。但是，又担心被拒绝。

今天，丽丽主动让自己帮忙，出乎芳芳的预料。她知道这是错误的行为，但是她担心，如果拒绝了丽丽，丽丽会冷落她。

现在，张老师还在看着同学们。芳芳只好等待机会。

这时，有一位同学举手，张老师走过去，小声询问那位同学。芳芳感觉机会终于到了，她将手从桌上拿下来，垂到身体旁边，轻轻一甩，纸条掉在了丽丽课桌旁边的地面上。芳芳刚要松一口气，张老师转过身来，轻轻走着，拿起了字条。张老师身体直起来的过程，芳芳的心也不断向下沉。当张老师站好，打开字条的时候，芳芳的心跌到了谷底。

考试结束后，老师将芳芳叫到办公室，问芳芳为什么这么做，芳芳低着头，不说话。

老师将事情告诉了芳芳妈妈。

芳芳见到妈妈时，抱着妈妈，眼泪不断流下来。

“告诉妈妈，为什么那样做啊？”

“我和丽丽是好朋友！”

“你想帮助朋友？”

“我担心如果我不帮她，她就不理我了。我就失去这个朋友了。”芳芳还在哭泣着。妈妈很心疼。

“咱们应该马上告诉老师，老师也应该批评丽丽！”妈妈很气愤。

“不要，妈妈，如果那样的话，她会认为我出卖她，我们就不是好朋友了！”

对家长说

朋友，在我们生活中很重要，他们往往与我们有着共同的兴趣爱好，让我们不再孤独，帮我们化解困难，朋友间相互支持，相互帮助，让生活更有色彩。所以，人们期盼有更多的朋友，也珍惜难得的友谊。

芳芳是一个珍惜朋友的孩子。在朋友提出要求时，虽然感到为难，但也会努力克服困难，帮助朋友完成。在考场上，她是紧张、害怕的，但是，又在尽一切努力完成丽丽交代的任务。从这个意义上来说，芳芳也是一个守信用、重情义的孩子。

但是，帮助朋友做事，要有“一双明亮的眼睛”。我们要能用这双眼睛，去识别事情的好与坏，对与错，还要能够做出明智的判断和正确的选择，然后采取合适的办法。如果对所要帮忙的事情判断不清，只是根据要求完成任务，那么，可能会产生严重的后果。

芳芳在这件事情上是缺乏判断的。丽丽想让芳芳传递答案，从本质上是不正确的。芳芳正确的做法是拒绝这个要求。但是芳芳犹豫了，芳芳的犹豫就让丽丽有了进一步说服她的机会，在丽丽的劝说之下，芳芳妥协了，继而带来了严重的后果。

同时，芳芳要理解什么是真正的朋友和友谊。友谊不是交易，不是丽丽说的“你现在帮我，等你有事情需要帮忙时，我也帮你”，而是要在相互理解的基础上发自内心地让对方或者和对方一起变得优秀。帮助朋友，延续友谊是正确的，但是一定要基于相互促进的原则，共同成长为更好的自己。真正的朋友是坦荡的，要能为对方指出不足，帮助对方改正错误，而不是纵容错误，掩盖错误。在这一点上，芳芳需要立场坚定，头脑清晰。

做人做事要有原则，也是芳芳要学习的内容。正确的事情坚持做，错误的事情绝不做，也绝不妥协和姑息。在丽丽提出不合理的要求时，芳芳就要坦诚拒绝，并告诉丽丽这样做是不对的，打消丽丽的想法，就能避免后面的一系列烦恼。芳芳还可以提出建议，在考试之后，帮助丽丽补习，提升成绩，也让丽丽感受到自己的原则和诚心。守住底线，才能做成大事。芳芳不用担心这样做会失去朋友，因为正直的品格，坦荡的为人，才会吸引更多的朋友。

妈妈疼爱芳芳，她也意识到了这件事情的严重性。如果芳芳步入社会之后，面对这样的问题，做出错误的选择，那后果会比此事严重得多!

下面再强调一下其中的关键点，让我们和孩子共同来学习，这也是学会坚持原则，正确解决问题的好方法。

对孩子说

1. 敢于说“不”

我们总是不敢拒绝别人，因为自己没有帮到别人而愧疚，因为怕得罪别人而不敢说出自己的真实想法。我们总想满足别人的要求，以至于做出不正确的选择。我们要记住，许多事情无法两全，没有帮助到别人也不是你的错。我们要坦诚，要果断，发现事情不正确的时候，勇敢地说“不”，这样才能及时止损，保护双方。

我们来看下面的故事：

年轻人詹姆刚参加工作不久，姑妈来到这个城市看他。詹姆有 20 美元，可姑妈却偏偏相中了一家很体面的餐厅。詹姆没办法，只好和姑妈在那里用餐。姑妈点菜时，询问詹姆的意见，詹姆只能说：“随便，随便。”但心中却很忐忑，手里紧紧抓着那仅有的 20 美元，不知道接下来怎么办。

可是姑妈一点也没有注意到詹姆的不安，她享受着饭菜，詹姆却什么也吃不下。最后侍者拿着账单走向詹姆，詹姆却说不出话，满脸窘迫。

姑妈笑了。她把钱给了侍者，然后告诉詹姆：“我一直在等你说‘不’，可你为什么不说呢？要知道，有些时候，勇敢坚决地说‘不’，才是最好的选择。请你记住这个道理。”

在故事的开始，如果芳芳说“不，我们不能这样做”，后面的故事也许就不会发生了。

2. 守住底线

守住底线，做事有原则，是人生必需之本。先来看看历史上的一些名人故事：屈原坚守内心爱国的底线，情愿投身于汨罗江；朱自清即使忍受饥饿的煎熬，也要维护中华民族的尊严。他们坚守爱国的气节，一直在激励着我们。

曹文轩的小说《山羊不吃天堂草》中也有这样的故事：一群山羊，它们将能吃的草都吃尽后，被主人赶至长满天堂草的草滩，可是山羊们觉得高贵诱人的天堂草不属于自己，宁愿饿死也不愿吃高贵的天堂草。

我们要守住底线，坚持正确的选择。不仅现在如此，将来步入社会也应如此。

3. 传递正能量

我们为什么会担心失去朋友呢？一个原因是不自信。不能正确评价自己在朋友心中的位置，认为只有讨好朋友，才能维持关系。还有一个原因是好面子，认为没有满足朋友的要求是自己无能，或者认为朋友离开自己会让别人看笑话。这些想法都会给自己带来压力，干扰自己的判断，影响自己对友谊的理解。

我们要抛弃这些压力，做一个心存善念、传递正能量的人。首先，欣赏朋友的长处，真心赞美，虚心学习，在与朋友交往中提升自己。同时，真诚地指出朋友的不足之处，并帮助朋友一起纠正。当朋友有难处时，换位思考，全力帮忙，用自己的人格魅力、自己的正能量来影响朋友，共同发展坦诚、坚实的友谊。要相信“你若盛开，蝴蝶自来”。

4. 敢于求助

当遇到困难时，要向老师、家长求助，让他们给予自己指导和帮助。我们认为自己已经长大，不好意思求助，殊不知“旁观者清”。而且，要相信，老师和家长的经验丰富，阅历广，一定会给自己更好的启发。

第四节　孩子不愿融入新班级？从了解他的心理做起

换班是孩子在学校学习过程中经常遇到的事情，也是家长比较担心的事情。孩子的心中，还在留恋原来班级的老师和同学，面对新的老师、新的同学、新的教室这样的“三新”情况，孩子会有怎样的反应？孩子又该如何快速融入新班级呢？

案例故事

在新学期开始时，由于班级重新调整，刘亦进入了一个新的班级。

开学第二天，在体育课后的休息时间，班上的同学都围在一起聊天。刘亦新的班主任发现，刘亦远远地坐在一边儿，双手抱着膝盖，头埋在膝盖之间，把自己蜷成了一个球。

老师走了过去，拍着他的肩膀，问道：“孩子，怎么啦？”

他抬起头来，说：“老师，我要转班，我不要在这个班了！”

老师迷惑不解：“这是怎么回事呀？”

“您不要管，我只要回我原来的班级！”

老师看他的情绪激动，就不再追问他，让他先回去上课。随后老师和刘亦妈妈通电话，告知刘亦妈妈孩子的想法。

妈妈本来就担心刘亦在新班集体的表现，听到这个消息，她很焦急，特别想问个究竟。

刘亦坐在教室里，根本不能专心听老师的讲解。他一直在想怎么才能离开这个班级。他特别盼望下课，盼望放学，可是他越是盼望，时间就显得越是漫长。

终于放学了，刘亦回到了家里。

妈妈立刻过来，询问刘亦情况。

刘亦说："这么点小事情，就立刻打电话告诉家长，这老师打报告还真快呢！"

妈妈说："老师也是为你着急呀！你要理解。你现在告诉妈妈想转班的原因。"

原来，在今天上体育课的时候，班里的一些同学未能标准地完成锻炼任务。体育老师说："咱们这个班是优秀的班集体，怎么能有这样完不成任务的学生呢？如果你不能达到要求，就不符合班级标准啦！"

"你完成任务了吗？"妈妈问道。

"我没有，所以我不能留在这个班里！"

妈妈说："这是老师在激励你们呢！"

"不是，他是在讽刺我们，讽刺完不成任务的同学！我不想留在这里了，我要转班！"刘亦又激动起来。

"还有我们的班主任，站在那里笑，她也是这样认为的！"

"你不能因为一句话不合你的心思，你就转班啊！"妈妈接着说："咱们和班主任聊一聊，好吗？"

"不好。"

妈妈知道刘亦的性格特点。他比较内向，谨小慎微，心思细腻，容易紧张，容易将身外发生的事情联系到自己身上。因为自己成绩在班中不是名列前茅，他总是有些自卑，担心自己做得不够好。今天，他对“优秀班集体”这个称号特别敏感，认为体育老师在暗指他。

妈妈在思考如何和刘亦谈下去。刘亦接着说：“班上的同学也不和我说话，我在这个班特别无聊！”

“你换到另一个班级也会有这样的情况啊！”妈妈想阻止他的想法。

“我还没有换，怎么会知道呢？”刘亦反驳。

“转班不是那么容易的！人人都想转班，那学校、年级就要秩序大乱了！”妈妈给孩子讲道理。

“又不是人人都要转班！只有我要转班！”刘亦还在坚持。

妈妈该怎么办呢？去找老师，提出换班的要求吗？很明显，这个要求不合理。不提出要求，刘亦会同意吗？如果因为这件事影响学习怎么办？

对家长说

孩子们在进入学校后，往往需要面对新的学习环境、新的老师、新的同学。在这个过程中，融入班集体、建立良好的人际关系非常重要，因为这影响着孩子的心理状态，更影响着学习效率。

刘亦对新班集体是不适应的。体育老师的话正是这件事情的导火索。

在这里，我们从心理距离的角度进行分析。心理距离，是指以自我为中心参考点，所感知到的与客体或事件的距离的远近。它包含了时间距离、空间距离、社会距离与真实性四个维度。事件与心理距离越近，人们自身感知到的风险和不确定性越强，看问题就越片面局部，也越容易受到负面情绪的影响。

举例来说，如果你是一个驾驶员，你身边同为驾驶员的亲戚朋友因为酒后驾车发生事故，相对于看到新闻报道中的类似事件，你会更强烈地感知到酒后驾车的风险，更可能严格提醒自己不能酒后驾车。人们与事件的心理距离越近，就会更多地关注具体的信息，看待问题可能就会片面，更容易看到一些瑕疵，无法看到整体，因此会过度地纠结个别细节。

刘亦的反应就是心理距离近的表现。体育老师的话是面向全体同学，是为了激励孩子们努力达到标准，但是在刘亦看来，这是在讽刺自己。刘亦关注了语言中的细节和局部，如“不能达到要求，就不符合班级标准”，因而认为老师是在告诉自己应该离开，其实是刘亦没能正确理解老师的意思。

在刘亦眼中，新班集体的同学不爱理他。这里暗含了孩子心里的比较。孩子到了新的班集体，会下意识地将新的集体与之前的集体进行对比。新的班集体看似比较冷漠，这是常见的现象，这里面的原因有很多：学生不熟悉，大家都在小心翼翼地相处；老师和学生不熟悉，学生还在适应新老师；学习环境不熟悉，新的教室、班级氛围需要孩子做出新的调整。还有重要的一方面，孩子本身还没有融入新的集体之中，还在与同学、老师保持着距离，这种距离感让孩子不能感受到温暖。

心理距离是可以改善的。刘亦的这种心理状态可以通过多种方式改善，孩子要意识到这个情况，耐心等待，并且从自身方面做出改进，如主动接近同学、参与班级建设、多看书、多与人沟通等。

换班是解决问题的最好办法吗？从以上分析来看并不是如此。如果孩子看待问题的角度不变，心理距离不调整，换班以后可能还会面临同样的问题。

我们应该如何引导孩子适应新环境、新情况呢？

对孩子说

1. 告诉自己要自信，安全度过敏感期

在刚刚进入新班级的时候，我们会有些敏感，会用审视的目光看待班里的一切，会有些紧张，不知如何与新的老师、同学相处，这些都是正常的。我们要告诉自己，我们能适应变化，适应新的班级。

我们要有格局，看待问题要从大局出发。首先，服从学校的安排。进入新的班级，对我们来说是新的机会、新的挑战，我们要从容、勇敢地面对。其次，在遇到问题时，从全局出发，厘清事情的整体目标，再对自己做出调整。在上面的故事中，体育老师的目的是鼓励全体、激励全体。而刘亦却认为体育老师在针对自己，因此产生不满，这是没有必要的。最后，如果没有达到标准，那就加强练习，争取达标，而不应该让误解加深恼怒的心情。

我们要相信自己的能力。所有的同学都会面临新集体的组建，有的适应得快一些，有的适应得慢一些。但是，只要坚持，尽自己的努力去适应，就一定可以做到。

2. 调整角度，以轻松的心态面对问题

过度关注变化会增添紧张的情绪，增加事情的严重性。我们要淡化“新班级”这个概念，以平静的心态告诉自己所面临的问题是正常的，是可以解决的，为自己创造轻松的感觉。例如：

（1）个人感觉：“新老师的课，我没有听懂。”

告诉自己：“别着急，适应一个新老师是需要时间的。”

（2）个人感觉：“我看这个班没有我原来的班团结。”

告诉自己：“这个我能理解。新班级成立的时间短。我们一起加油，时间长了，就会越来越团结！”

（3）个人感觉：“和我聊天的同学不多。”

告诉自己：“那是他们还不了解我。我可以主动和他们聊天啊！和他们探讨数学题、语文题，不是好机会吗？”

这不是逃避问题，而是积极的心理暗示，告诉自己积极地看待所面临的问题，告诉自己一定能适应好。

温馨提示，在暗示自己后，要与老师、家长、同学积极沟通，解决问题。

3. 承担班级职务，提升自我担当意识

鼓励自己承担班级职务，在班级中为大家服务，这可以促进自己融入新班集体。因为有付出，才会更加珍惜这个集体。如果没有合适的机会，自己也要勇敢地和老师沟通，表达为集体服务的愿望，期待老师为自己创造机会。

在班级承担职务，不仅让自己有责任感，还会扩大班级交际圈。在为班集体服务时，会有更多机会接触新同学，与同学共同完成任务，这样，融入集体的过程就会更快、更顺利。

第四章

稳定的情绪控制，让学习的脚步更轻盈

情绪是人对客观事物的态度以及相应的行为反应。情绪在生理反应上的评价和体验包括喜、怒、哀、乐等。

情绪对孩子的学习有影响吗？当然有，而且很大。

积极的情绪，例如快乐、欢喜，会让孩子的学习更专注、更有效率、更有幸福感，学习的劲头更足，在这种情况下，情绪是学习的润滑剂、推进剂。

反之，消极的情绪，例如悲伤、愤怒，会让孩子学习不专心、倦怠，甚至抗拒学习。这种情况下，情绪就成了学习的阻燃剂，阻止孩子产生学习的热情。

我们都希望孩子在成长过程中是快乐的、幸福的，有积极的情绪助力他的学习。在现实中，孩子正为情绪而烦恼。

有的孩子特别暴躁，稍有不顺心的事情，就立刻恼羞成怒，甚至暴跳如雷。

有的孩子特别敏感，老师、同学、家长不经意的一句话，就让他悲伤不已。

有的孩子特别叛逆，经常与父母、老师顶撞，导致情绪低落。

有的孩子特别胆怯，有问题不敢说出口，但又在心里自我埋怨。

有的时候，孩子的情绪是显性的，家长、老师看得出他们的情绪变化；有的时候，孩子的情绪是隐蔽的，需要仔细体会才能发觉。

首先，情绪的变化是正常的，每个人都有喜怒哀乐。但是，消极的情绪越多，对学习、生活的阻碍越大。所以，我们要帮助孩子建立积极、稳定的情绪，摆脱消极的情绪。要让孩子的心中有阳光，脸上有笑容，让好的情绪给孩子的学习助力！

第一节　孩子控制不了情绪？冷静战胜冲动

人在盛怒之下，情绪失控，很容易做出丧失理智的事情，造成无法挽回的严重后果。而真正厉害的人，都是控制情绪的高手，他们能做到波澜不惊、理智做事。

有些孩子，特别容易冲动。不良的情绪不仅令他们与周围人的关系紧张，还会让他们因情绪波动而学习不专注，影响学习效率。如何战胜冲动这个魔鬼呢？

案例故事

小明看着自己被水浸湿的笔记本，脸涨得通红！他一只手叉在腰间，另一只手拎着笔记本，随时准备将作业本摔到小文的脸上。小文的座位就在小明的前面。人们都说，远亲不如近邻。可是，这两位近邻，还不如远亲！现在，他们就是一副剑拔弩张的样子。小明的手高高举起，小文瞪着眼睛，随时准备反击。周围的同学们在围观，他们想上前阻拦，却没有行动。

在那个时刻，上课铃响了，老师走了进来，同学们回归了原位，两位同学也迫于形势坐了下来。但在坐下的那一瞬间，相互哼了一声，狠狠瞪了对方一眼。

老师开始讲课了，小明却不能专注听讲。刚才发生的事情还在他的头脑里盘旋，他还在懊悔，自己怎么没有把笔记本摔到小文的脸上呢！小文对自己那么没礼貌，说话那么难听，她居然把水倒在了自己的笔记本上，现在还若无其事的样子！小明越想越生气，呼气的声音都粗壮了起来。他压制住自己的怒火，决定下课后再和小文好好理论一下。现在，他盯着小文的后脑勺，甚至觉得她的小辫子都是一副不服气、特别讨厌的样子！他恨不得让小文转过头来，但是又不敢破坏课堂纪律。他一心盼着下课，根本不知道老师在讲什么。

其实，事情的起因非常简单。班上的李俊是一位喜欢和他人探讨问题的同学。课间的时候，李俊询问了小明一个问题，这个问题对小明来说非常简单，所以他立刻为李俊进行了讲解，声音中还带着自豪。

小文一直在围观，所以她也听了小明的讲解。小文突然说："小明，你的那个方法并不好！"这使得小明不得不停了下来，和李俊一起看着小文，小明反驳道："我的方法怎么不好？"

"你的方法不简洁！应该这样做，你们来看。"小文开始讲解。

"你是怎么回事？我们为什么就要听你讲啊！"小明特别不服气。

李俊开始和小文一起研讨。小明看到他们二人不再理他，心里升起一股怒气，猛地一伸手，把李俊桌上的几本书弄到了地上。小文一看他生气的样子，也随手拿起自己的水瓶，把水倒在了小明的笔记本上。虽然瓶里的水不是很多，但是这足以让小明措手不及。他拿起自己的笔记本，本子已经被弄湿了好几页。小明感到特别愤怒！于是就出现了故事开头的那一幕。

小明现在坐在课堂上，脑子里全是对小文的怒气，老师的讲解他根本听不进去。正在这时，老师发现小明心不在焉，想委婉地提醒一下，于是叫小明来回答问题。小明站起来，回答道："我不会！"虽然他真的不会，但是他的语气里充满了刚才那件事带来的怒气。

"你怎么啦？小明？即使不会，也要好好说话哦。"老师提醒他。

"好的，老师！"他低声说道。他也想不明白，自己本来是为李俊讲解题目的，怎么就变成和小文打架了呢？

同学们的目光让老师感到了异样。下课的时候，老师仔细询问了情况，安慰了这三个同学，让他们平复心情，先继续好好上课。

小明很担心老师会找家长反映情况，心情一直特别不好。回到家里，他烦躁地坐在沙发上，没有吃水果，也不像以往那样与妈妈交流。

妈妈感觉到了小明的异样，把手放在小明的头上，轻轻地说："孩子，怎么了？"

小明把事情和妈妈说了一遍。妈妈知道，小明的暴脾气又出现了。

"不是说了嘛！让你控制脾气，控制脾气，你怎么就不听呢！"妈妈特别愤怒。许多次，小明都是因为不能控制自己的脾气和同学发生冲突，老师多次找家长解决问题，家长也感觉特别无奈！

"你要是控制住自己的脾气，能有这样的事情吗？不听话就是这个后果！没准儿一会儿老师就打电话来啦！"妈妈的语调在升高。

"打电话怎么啦？老师就只会打电话告状！"

"有本事你别打架，别让老师打电话啊！"妈妈真是怒了！

小明生气极了！本来是要和妈妈说一说这件事情，结果又和妈妈吵起来了。

对家长说

案例中的小明，是一个热心助人的孩子，当别人需要他讲解题目时，他非常爽快地就答应了，并耐心讲解。随着故事的发展，我们也看出，小明是一个易怒、容易冲动的孩子。在事情发展顺利的时候，他表现得很正常。但是，当事情发展不如意，或突然发生变化的时候，他就很容易发怒，而发怒带来的坏情绪会严重影响他的学习效率和质量。

造成孩子易怒、情绪失控的原因有很多，我们来分析一下。

1. 成长环境比较压抑

如果在孩子成长过程中，爸爸妈妈没有创造轻松、和谐的氛围，而是长期让孩子生活在严厉和压抑的环境中，就容易影响孩子的性格发育。有的孩子会变得很懦弱、胆怯，还有的孩子在情绪压抑到一定程度后，就容易爆发。

2. 受到家人的溺爱

在成长过程中，孩子的任何要求都能得到无条件的满足时，孩子会认为所有的一切都理应要顺着自己的期望发展。当事情的发展不符合自己的预期时，孩子就会失望、不知所措，于是用发怒的形式表现出来。

3. 缺乏责任意识

当孩子发脾气时，父母没有给予及时的制止，孩子也没有因为说错话、做错事承担责任，久而久之，不用控制情绪就成了孩子认为的自然的事情。

4 身体的原因

身体缺乏微量元素，如钙、铁、锌等，可能导致孩子注意力不集中、做事冲动等。（需要说明的是，小明不属于这个原因。）

下面让我们和孩子共同学习控制情绪，调整心态。

对孩子说

1. 想：想后果

易怒，发脾气，会带来不好的后果。首先，如果对伙伴发脾气，就像小明在班里表现的样子，会影响自己和伙伴的关系，影响自己在伙伴眼中的形象，甚至在以后的相处中，伙伴可能会疏远自己。同时，由于发脾气造成的情绪波动，心情不好，会让我们听课不专心，影响学习效果。如果对父母发脾气，会影响亲子关系，粗鲁地对父母说话也是不礼貌的行为，当自己平静下来，意识到这一点时，会产生悔恨和自责，带着这种感觉，就很难投入学习。所以我们要想一想情绪冲动的后果，以提醒自己学会自控。

2. 闭：闭上嘴

俗话说，祸从口出。在冲动的时候，最容易说出伤害他人的话，造成关系的紧张。所以，在发觉自己情绪激动的时候，先努力闭上嘴，不管别人说什么，都不争辩，不解释，一切等到情绪平静的时候再慢慢说。这是迅速结束由坏情绪引发冲突的好办法。

3. 记：记启发

在情绪冲动消失，自己平静下来之后，将这次冲动的原因写下来，如事件的原因、事件的过程，更重要的是写下事件可能的解决办法，以及避免冲动的办法，用来提醒自己下次注意。

有这样一则故事：有一个人，特别容易情绪冲动，他在寻找改正的办法。他遇到了一位智者，智者告诉他："我给你一包钉子，当你朝他人发脾气的时候，你就在那面墙上钉一根钉子。"他就照着去做，慢慢地，他发现他钉钉子的次数变少了，因为控制情绪比钉钉子容易。于是智者告诉他："你每次控制住了不发脾气，你就拔下一根钉子。"慢慢地，钉子都被拔下来了，但是墙面留下了钉子的洞。智者告诉他："你发脾气时说出的话，就像这些钉子一样会留下疤痕。无论你说了多少次对不起，那些伤口永远在。"我们也可以在本子上留下一片空白，如果自己发脾气了，就在那里点上黑点，并记录日期。同时写下对这件事的感受，写下如何正确解决。

4. 创：创氛围

我们要以创建和谐、温馨的家庭氛围、班级氛围为己任，控制好情绪，轻声慢语，耐心倾听别人讲话，遇到问题不急躁，学着做一个平静、理智的人。良好的氛围也能滋养自己，让自己成为理智、平静的人。

第二节　孩子害怕考试的压力？给他一些积极的心理暗示

积极的心理暗示，就是从积极的视角，以积极的价值取向，用积极的内容和方式去发现孩子的优点，鼓励孩子克服困难，以坚定的脚步不断向前走。当孩子害怕压力、选择逃避时，让积极的心理暗示带他走出恐惧，积极迎接挑战吧！

案例故事

涵涵进入了初三，妈妈更加紧张了。妈妈的紧张来自涵涵的紧张，涵涵的紧张则来自考试。涵涵的身体不好，很瘦弱，很容易生病。平时，她的学习成绩在班级能够达到中等的位置。可是，进入初三以后，学习越来越紧张，她就越来越不能适应。头疼、失眠，让她特别困倦、特别疲惫，她不想去上学，感觉自己到了学校也学不进去，更害怕考试的压力。由于这样的原因，涵涵在上一届初三的上半学期就休学在家了。今年，她进入了一个新的班级，又一次进行中考准备。妈妈很为她担心，希望她不要重蹈覆辙，能坚持下去。

初三的日子总是忙碌而又充实的。妈妈每天都在观察涵涵的情况，如果她回来时心情好，妈妈就轻松一些；如果她回来时情绪低沉，妈妈也会担心。可惜，第二种情况居多。妈妈很是焦虑，但是又不敢表现出来。

那一天，涵涵到家就和妈妈讲："妈妈，我实在学不下去了，我晚上睡不着觉，白天在学校里困死了，头晕晕的，我什么都记不住，我肯定又参加不了考试了……"说话的时候，她一脸痛苦，妈妈的心也跌到了谷底。

怎么办？能让她就此停止吗？真的就不中考啦？多年的努力怎么能白费呢？妈妈拉着她的手，说："孩子，你自己放松一下好不好？""那可不行，那我作业怎么办？不写作业怎么向老师交代？我还是不要去上学了。"看来妈妈的办法是行不通的，怎么办呢？

妈妈给班主任打电话，询问涵涵在班里的情况。老师说涵涵在班上很安静，很乖巧，但就是情绪不高，看着很困倦的样子。"但是，"

老师说道，“这几天的测试，孩子的成绩还是不错的，回答问题的时候，正确率也很高，说明她是在认真听讲的。”

“老师，那么为什么孩子回来总是说特别累，不想上学呢？”妈妈问道。

第二天，老师发现涵涵又趴在桌子上了，满脸都是愁苦的样子。老师也非常担心。怎么能帮助涵涵振作起来呢？老师和妈妈通了电话，商量了一个办法。

那天，涵涵回到家里，妈妈看她阴郁的脸，控制住自己的焦虑，拉着她的手，问她：“孩子，你知道什么是高原期吗？”涵涵有些惊讶：“不知道，那是怎么回事呀？”妈妈的心里闪过一丝喜悦。

“好吧，妈妈告诉你什么是高原期。高原期不是真正的高原，高原期是在技能形成的中、后期，练习的进步常常出现停滞，不再继续上升而保持在一定水平，有时甚至稍有下降的情况，这就是‘高原期’。”

“哦，我知道了。那和我有什么关系？”涵涵问道。

“和你有关系呀！”妈妈说，“今天我和老师了解了情况，说你各项表现是很好的。如果你有记不住、感到疲惫的现象呢，可能是你在经历高原期呢！”

“哦？是这样吗？”

“是呀。高原期出现的时候，学生经常会有疲惫的感觉，还有记忆力减退，学习效率不高的感觉，你看，和你的情形是不是有些相似？”

“是有些相似。”

“是呀，高原期发生的时候，咱们不能着急，老师告诉我了，高原期人人都有，这一点都不奇怪。同时，高原期是能够克服的。只不过有的人持续时间长，有的人持续时间短。只要处在高原期的学生不放弃，高原期就能快些度过。”

涵涵听了，脸上出现了稍微放松的表情。

妈妈继续说：“你再来听听，妈妈告诉你高原期的形成原因。高原期的形成主要有两方面的原因，一是练习时间过长导致兴趣降低、身体疲劳；二是练习方法不妥当，不适宜某种技能的练习。为此，克服高原期，既要合理安排练习时间，同时还要注意改变原有的练习方法，代之以新的方法。咱们来试试，看看怎么调节自己，让高原期过去吧。”涵涵虽然有些迟疑，但还是愿意尝试一下。

过了几天，她找到了老师：“老师，我尝试改变了学习节奏，我的高原期怎么还没有改善呀？”

“没关系，高原期就是这样的，对有些人来说可能长一些，对有些人来说可能短一些。但都会过去的，安排得好的话就过去得更快些，你没有问题的。”

对家长说

心理暗示是通过言语、行为或其他形式，对他人的思想、情绪、行为等进行潜在的影响，使其产生某种感知、信念、态度或行为的一种心理现象。从上述故事我们可以看出，高原期在涵涵身上一直都没有消退，更确切地说，她的问题也许不是高原期的问题，也不可能像高原期问题那样容易过去，但是，“高原期人人都会有”的说法缓解了她的紧张和焦虑，“高原期可以克服”给了她积极的力量，并促使她向着胜利的方向努力。这个善意的谎言，给了她希望，给了她动力，给了她支撑。这就是积极心理暗示的应用。

积极的心理暗示是一种正面、正能量的影响方式，积极心理暗示的语言是积极的，充满了鼓励和支持，如“你一定行的”“相信自己”“我相信你”“成功一定属于你”“困难只是暂时的，坚持去做，事情一定能够更好”等。

积极的心理暗示会给人们的生活和孩子的学习带来多方面的积极影响：

（1）它能够缓解焦虑和压力。例如，在考试前，孩子紧张，家长可以对孩子说：“放松心态，踏实复习，我相信你一定是可以的。”这样可以增强孩子的自信心，减轻焦虑和压力。

（2）它能够提高工作和学习的效率。这样的语言可以激发孩子的学习热情，提升孩子的学习兴趣，从而提高学习效率，取得更好的成绩。

（3）改善心理问题。通过积极的心理暗示，人们可以改变自己的负面想法和消极情绪，让焦虑、烦躁等心理问题得到缓解。

（4）积极的心理暗示可以促进人际关系，尤其可以促进家庭成员之间的关系。家长应多采用积极的语言，多给予肯定和鼓励，如“你真棒”“我很佩服你”“你一定能取得更大的进步”等，会使孩子悦纳自己，悦纳他人，心态平和，与家长关系和谐，同时能增强社交能力和人际交往能力，与他人进行良好合作。

与积极的心理暗示相对的，是消极的心理暗示。这是一种负面的影响方式。消极心理暗示的语言是负面的，充满了打击和否定，如“你太笨了”“你不可能做到”“别人都比你强”等。这样的语言会打击孩子的积极性，让孩子产生不良情绪、消极心态，导致孩子和家长的关系紧张，孩子也容易出现心理问题。

所以，我们要利用积极心理暗示的优势，用积极的语言，启发孩子，鼓励孩子，让孩子不断产生学习的动力。

下面，让我们和孩子一起来学习一些具体的方法。

对孩子说

1. 给自己积极的期待

当发觉自己焦虑、疲惫或者自我怀疑的时候，如果完全跟着自己的情绪走，那么自己会认为这种情绪是正确合理的，而不容易从消极的情绪中走出来。但这种情绪的持续只能令自己更加沮丧。所以，要用乐观、积极的态度，不断告诉自己“我是可以的”。在必要的时候，这些暗示可以让自己更有动力。就如故事中妈妈告诉涵涵的“高原期”，也许不那么科学，但是这样的语言可以给涵涵一股力量，让孩子相信，她一定能够摆脱现在的困境，战胜现在的困难。

2. 肯定自己点滴的进步

事情的解决很可能不是一帆风顺的，甚至还要做好问题反复出现的准备。怎么办？我们要善于发现自己的变化，哪怕是点滴的进步，我们都要及时发现和肯定，给自己前进的过程“蓄力”，即使问题反复出现，我们也不要烦躁，不要否定自己的努力。“不积跬步，无以至千里”，我们的大进步是从小进步开始的。我们要善于肯定自己，给自己动力，一直向前。

3. 善于转变视角，发现机会

在学习过程中，挫折和困难会经常出现在我们面前。我们要换一个视角，从中发现新的机会，转劣势为锻炼自己、提升自己的优势，促使自己去战胜挫折和困难。例如，当我们遇到难题时，可以这样告诉自己："这是磨炼意志的好机会。我一定不能放弃，将这道题做出来！"当我们的成绩出现波动时，可以这样告诉自己："失败是成功之母。我从中吸取教训，下次一定能成功！"变换一个视角，就能发现一个锻炼自己的机会，让自己在积极的心态中更好地成长。

第三节　家庭氛围压抑无趣？开个玩笑，生活更有趣

有趣能引起人的好奇心或喜爱，活得有趣，才是生命的正能量。大家都希望在有趣的事情上多花一些时间，不要让忙碌淹没了生命中的美好。王小波说："趣味，是感觉这个世界美好的前提。"那你是有趣的家长吗？你的孩子是有趣的孩子吗？

案例故事

爸爸回来了。他的脸阴沉着，一看就知道他遇到了不顺心的事情。晨晨正在写作业。他偷偷看看爸爸，低头继续写作业。

爸爸走进了自己的房间。但妈妈走进了晨晨的房间，说道："晨晨，你怎么不和爸爸打招呼呢？"

"他那么不高兴，我要打招呼的话，也一定不会理睬我，还有可能朝我发脾气。我可不敢和他说话。"

"那你可以劝劝爸爸呀！"

"他总是这样！上次我去和他聊天，他冷冰冰地说让我先去写作

业。我还能怎么去劝他？真的好没意思。”晨晨懒懒地说道。

“唉。”妈妈叹了口气，不再说什么。家里此时特别安静。

其实，晨晨也在为今天学校发生的事情不开心呢。原来他上课打瞌睡被老师发现了，更让人气恼的是同学海宁居然取笑自己。

对家长说

大家看了这个故事后是否会有一丝紧张的气息呢？首先，紧张的气息来自晨晨的家庭氛围，来自爸爸下班回家后的情绪。成年人的世界里哪有“容易”二字，这是非常流行的一句话，在描述现代成年人面临的困境之多。老人、孩子需要照顾，工作事务繁忙，升迁竞争压力大等因素，都会让成年人感到焦虑，情绪难免低落。

但是，父母的情绪会影响家庭气氛，家庭氛围会直接影响孩子的情绪、孩子的学习效率。父母是孩子模仿的第一对象，孩子会在潜移默化中学习父母为人处世的方式。父母情绪稳定，养育出来的孩子也常常是沉着冷静、处事不惊的。父母情绪不稳定，孩子也容易急躁、偏激。因此，父母要以稳定的情绪，给孩子提供一种安全、温馨的环境，让孩子感受到松弛、安心，不会因为害怕父母突然的发怒而变得胆小怕事。

什么样的家庭氛围造就什么样的孩子。故事中晨晨的家庭，让晨晨感到压抑、无趣，因此他也用冷漠的态度回应父母。在学校的时候，对于自己的小错误、同学的小玩笑不能释怀，这些都和晨晨的家庭氛围有很大关系。

所以，我们能不能转变一下看待生活的角度？我们来思考一下，如何能让生活变得有趣一些？

其实，能把生活过得有趣，不是靠物质堆叠出来的，而是取决于一个人怎么看待、怎么对待生活。

苏东坡是大家仰慕的诗人。他一生颠沛流离，历经磨难，却依然保有一颗乐观豁达的心。

他有闲心去酿酒，“一日小沸鱼吐沫，二日眩转清光活，三日开瓮香满城”；他还乐于去做好吃的东坡肉，“慢著火，少著水，火候足时它自美”。

所以，成为一个有趣的人，让生活有趣，才能更好地享受生活，享受学习的乐趣。

对孩子说

1. 写下小提示，笑脸迎家人

外面的世界有很多的压力，但是家是港湾，是休整、放松的场所。我们要为家人创造温馨的氛围。有这样一个故事：一位妈妈在发觉自己家里满是抱怨、指责之后，她很痛苦，她要想办法将不快乐的情绪拦在门外。于是，她制作了一个小黑板，挂在门外，上面写着：“请微笑着进门，我们等待你的拥抱。”这个办法非常有效，每位家庭成员在进门前都会调整情绪，高兴地拥抱家人，家里气氛温馨了许多。我们也可以这样做，在家门口处、卧室外、书桌前，写下提示自己和家人的句子，提醒大家将烦恼抛开，将快乐留给家人。

其实，也可以邀请父母加入提示语的设计与书写之中，父亲还可以加入监督之中，大家会感觉“我的家真有趣”。

2. 幽默一下，生活更轻松

有的父母认为，自己严肃一些，会更有威严感；有的父母认为，我还有许多事情要处理，哪有时间和孩子开玩笑。殊不知，这两种心理都会造成孩子和父母的疏远。正如故事中的晨晨爸爸，让晨晨感到自己在父亲面前不重要，因此也不愿去和爸爸聊天。作为孩子，我们要设计一些小幽默，让爸爸妈妈笑一笑，让自己笑一笑，例如，爸爸遇到了工作的问题，回家很烦闷，我们可以说："爸爸，我是奥特曼！是怪兽让您不高兴了？我来帮您打怪兽吧！"我们可以化身"奥特曼"，理解爸爸，帮爸爸出主意，这样是不是会让爸爸很高兴？家庭氛围会不会更好？当然会的。做个有趣的孩子，和父母开个玩笑，和老师、同学幽默一下，大家会更加喜欢你、信赖你。

3. 加入仪式感，给生活加点料

生活是平淡的，是需要自己创造的。我们可以用智慧，为生活设计仪式感，让生活更有料。家人的生日、父母的纪念日，都是设计仪式的好机会。我们还可以抓住生活中的小契机，给父母、给家人更多惊喜。例如，周五的晚上，给父母颁发"辛苦一周奖"，奖品不用丰厚，而要有创意，如一张小卡片、一封信、一份为父母精心摆放的果盘，都能让父母感到温馨，感受到来自我们的创意，感受到生活的美好。我们还可以和父母商量，为自己设奖。当取得进步时，设计"进步荣誉奖"，当有退步时，设计"共同进步小盟约"，或者设计"最佳勇气奖"，在小仪式中体会成长的快乐。

4. 心里要敞亮，生活有希望

我们要告诉父母，我们在成长中会有失误，我们希望有一个不怕犯错、允许失败的环境，让我们能够安心发展自己的能力。如果家长常常看不得孩子犯错，发现一点错误就要批评打骂孩子，那孩子就会因为害怕犯错和失败而退缩，做很多事情都容易半途而废。

我们自己要做幽默、机敏的孩子，心里敞亮，能理解别人，也能够包容别人。故事中的晨晨，对待同学的玩笑，可以一笑了之，因为同学之间开个玩笑是正常的。可是，现在他的想法仿佛给自己压了块大石头，让自己苦闷，家长也苦闷。所以，敞亮一些，幽默一下，有容人、容事之心，生活会更美好。

第四节　孩子总是叛逆、顶嘴？注意调整沟通方法

叛逆期是孩子在 12 ~ 16 岁经常出现的情况，此时的孩子处于一种半独立、半成熟、半依赖的状态。孩子进入青春期后遇事开始思考，形成并不成熟的主见，他们开始对父母的话表示怀疑。而父母在自己的权威被动摇后，难以适应，所以会出现父母和孩子对立的现象，父母和孩子都感到烦恼。其实，当孩子出现叛逆时，家长不要过于紧张，更不要如临大敌，而是要站在孩子的角度，理解孩子，注意调整教育方法。要相信，叛逆期是可以平稳度过的。

案例故事

“闲人免进”，刘凯将这四个字写在一张 A4 纸上，还特意打上了叹号，贴在了自己的房门外面。

妈妈看着这四个字，心里的怒火又增加了几分。

今天放学回到家，刘凯直接进入自己的房间不再出来了。

“刘凯，出来吃水果吧！”妈妈叫他。

刘凯出来了，吃了一口水果，又立刻回到了房间。

“他肯定没有好好写作业，肯定在偷偷地玩手机。”妈妈心里想，她认为自己是了解刘凯的。

“我要想个办法，进他的房间看看。”妈妈思考着。看到桌上的果盘，妈妈有了主意。

妈妈端着果盘推开了刘凯房间的门。刘凯正坐在桌前，妈妈还没来得及仔细观察他在做什么，就听到刘凯说：“不要随便进入我的房间，请您出去。”

“我来给你送水果。”

“那您放这里就快出去吧！”刘凯的态度非常冷淡。

“有你这样的吗，你也太不讲礼貌了吧！”妈妈对刘凯的态度非常不满意。

“我知道，您不就是怀疑我吗！怀疑我在偷偷玩手机，没有写作业！”刘凯非但没有改变态度，语气反而更加强烈。

“那你是在认真写作业吗？”妈妈追问。

“您就别管了！”

“你是我的孩子，我就要管你！我还要告诉你，你的数学成绩差，先做数学作业，然后我给你检查！”妈妈的口气变得生硬。

“我不要你管！我偏不先写数学作业！”

“你必须！”妈妈气得把果盘又端了出来，心里充满挫败感，孩子怎么变成了这样！

昨天孩子就和妈妈吵了架，因为妈妈批评了孩子的测试成绩下滑，批评孩子不努力，孩子居然反驳说他已经很努力了！

前天，他们也是非常不愉快。她让孩子先写作业，孩子坚持要先把送同学的一幅画画完，还坚持说：“我有自己的时间安排！”

好像每天都不愉快！他总是在辩解，总是有理由，总是认为父母不正确！不仅对妈妈这样，对爸爸也是如此！

“他怎么就这样不尊重父母！不理解父母的苦心！”妈妈很失望。

屋里的刘凯在做什么呢？他在发呆。“妈妈不是催我写作业嘛，我就不写，晚会儿写也没有什么关系！”他这样告诉自己。的确，他的情绪很不稳定，难以专心完成作业。他将笔放下，开始喝水。“真是没意思！”他小声嘟哝道。

这句话正好被再一次走进来的妈妈听到了。妈妈实在想不通，于是再一次想和刘凯谈一谈。

“你就是没有写作业，总是干杂七杂八的事情！”妈妈感觉抓到了“现行”。

“那怎么了？晚点写有什么关系！您为什么总是和我过不去呢！”刘凯的态度丝毫没有改变：“我为什么非要听从您的安排呢！”

“我这是为你好啊！你不抓紧时间，总要熬夜，第二天怎么上课！”

“好，谢谢您！您先出去吧！”

妈妈出去了，苦闷地坐在沙发上。她知道，孩子正在经历青春期、叛逆期，本来想帮一帮孩子，可是越帮越糟糕！孩子和自己关系紧张，成绩退步，这可怎么办？

看着刘凯房门上的四个字，妈妈很焦虑……

对家长说

从故事中可以看出，刘凯正在经历叛逆期。

刘凯叛逆期的典型表现为反抗和与妈妈顶嘴。他本能地质疑妈妈的安排，不喜欢妈妈为自己做决定，找各种理由否定妈妈的计划，这些令妈妈很苦闷。同时，他不能控制自己的情绪，听到妈妈的建议时，总是“一吵了之”，导致和父母的关系紧张。他还有叛逆期的敏感，当妈妈要进入他的房间时，他的第一反应是妈妈在“查岗”。

是否能说刘凯是不懂礼貌、不懂感恩的孩子？这个问题不能用简单的“是”或“不是”来回答。因为在叛逆期孩子的情绪的确容易失控，但经过正确的教育和引导，是可以改变的。

刘凯的妈妈是一位急于让孩子改变的妈妈。她知道孩子在经历叛逆期，希望通过自己的不断解释、反复强调来取得孩子的理解，和孩子建立和谐的关系。她在孩子第一次走出房门之后，依然选择再次沟通，说明她的迫切，但是这样收效甚微。

那么，如何才能结束鸡飞狗跳的吵嘴现象？让我们和孩子共同努力，顺利度过叛逆期。

对孩子说

1. 借力法

在综艺节目《向往的生活》中，黄磊和谢娜讲述了这样的故事：他们曾进行一场舞台剧的演出，在演出了上百场之后，演员们开始懈怠。虽然黄磊进行了管理和提示，但收效甚微。怎么让团队重新振作起来呢？

这时，黄磊收到了一封观众来信，他把这封信为全体演员朗读。信中一一指出了演员们的不足，直击问题核心，激发了演员们的自省意识。于是他们积极修正不足，表演更加投入，演出效果大大提升。作为演出团队一员的谢娜，直呼“受不了”，认为写信的观众特别犀利，对自己的激励作用特别大。后来，黄磊说：“那封信其实就是我写的！我反复告诉大家要调整状态，可是大家都对我的话免疫了，我就想了这个办法。效果真的很棒！”

黄磊知道，演员们最在乎观众的评价。他从“观众来信”借力，提升了演出效果，是个聪明的办法。

在战胜叛逆期的过程中，我们也可以开动脑筋，借助外援解决问题。

（1）倾诉。将自己的问题讲给同学听，并请他们表达看法。

（2）求助。和老师聊一聊自己的困惑，让老师给自己一些建议，还可以让老师帮忙向父母转达自己的困惑。

（3）文字表达法。当语言交流容易出现问题时，我们可以用文字进行沟通。有一位同学，他发现自己和父母交流时，总是忍不住通过叫喊的方式表达自己的不同意见。于是，他告诉自己，与父母交流出现意见不统一时，就将想法写下来，或者以文字信息发给家长。在整理文字的过程中，自己的情绪平静了，思路也更加清晰，父母也更加容易接受自己的意见。

2. 示弱法

人们常说“为母则刚”，是指当女性成为母亲之后，为了孩子会变得非常刚强，没有什么事情能够难倒她。所以，在照顾孩子的时候，母亲会有些直接，甚至霸道。这个时候，孩子要学会“示弱”，达到“以退为进”的效果。

我们可以多向父母说这样的话：“妈妈，我找不到这个问题的解决办法，您来帮帮我吧。”“我在向您求助哦！”这些话可以给妈妈帮助自己的机会。“有您真好！和您在一起特别踏实。”“您好棒啊！特别感谢！”这些话能让父母觉察到自己的重要性。

学会示弱，是通过向父母求助，促进和父母的合作，让父母开心起来，这也是我们疼爱父母的表现。强调一下，请父母帮忙，是沟通的手段，是为了创造温馨的相处氛围，并不是真的要完全依赖父母。

3. 暗号约定法

在这个阶段我们会发现，吵嘴的情况时常发生，且一旦开始就不容易结束，越吵越凶，伤人的话也容易说出口。如何及时停止争吵呢？我们可以和父母商量一个小暗号。当发觉自己情绪失控、要开始吵嘴的时候，立刻说出那个暗号，说完自己就闭嘴，对方在听到这个暗号的时候，也要立刻闭嘴，争吵就结束了。例如，涵涵和妈妈定下的暗号为“迪士尼”，因为他们曾经在迪士尼乐园里度过快乐幸福的时光。每次发生吵嘴时，无论谁说出了“迪士尼”，双方都停止，就如给行驶的汽车来个急刹车。两个人安静下来，调整情绪、理清思路后再做交流。她们发现，这个小约定，在停止吵嘴中起到了大作用。

4. 外出体验法

拓宽视野，丰富人生体验，是帮助孩子减少叛逆、帮助家庭建立和谐关系的好办法。我们和父母一起走出小家，走进大家，走进更广阔的天地，参与各种各样的学校活动、社会活动，例如参观博物馆、社区劳动、社会公益等，都是非常有意义的活动。

刘凯的学校正在组织“云游北京名人故居”志愿公益活动，刘凯和妈妈就报名参加了。妈妈拍摄，刘凯进行介绍和讲解，然后他们将制作好的视频，传给远在四川、山东等地的小朋友们，让他们足不出户就能游览北京的名人故居。他们一起做准备，一起写脚本，一起做后期。思想的交流，智慧的碰撞，让母子之间的交流更加深入，彼此也开始更加理解对方。

第五章

科学的家校陪伴，让学习氛围更轻松

陪伴孩子长大，是不是听起来很浪漫？

站在孩子身边，看着孩子一点点长高、长大，这样的陪伴是不是很简单？

但在实际生活中，陪伴孩子长大哪有那么容易！

生活本身变化多端。孩子的成长也充满着喜怒哀乐，我们对孩子的陪伴也需要作出各种调整和应对。孩子生病时，吃药，送医院，这是最直接的操作。

那么，孩子情绪低落时，如何为他消去心里的阴霾？一句“别想了”能解决问题吗？

孩子取得胜利时，如何和他一起分享并提醒他别骄傲？一句“继续努力”能达到效果吗？

孩子心怀怨气时，如何让他平静、客观地看待问题？一句“闭嘴”能结束孩子的抱怨吗？

还有种种情况，我们该如何引导孩子？

家长的陪伴是不是存在这样的问题：人不在；人在心不在；人在方法不在。

假如孩子是雏鹰，家长要为其锻炼强健的翅膀；假如孩子是大船，家长要为其保驾护航。

陪伴孩子的成长，需要家长用爱心、耐心去关注孩子的需求，用鼓励、呐喊助力孩子前行。

那么，怎么做才是最好的办法？那就是科学的陪伴。

第一节　总夸奖“别人家的孩子”？自家孩子也很棒

近几年，“别人家的孩子”，在网络上热了起来。这是优秀的代名词，是指世界上最优秀的那群人。在孩子们眼中，他们代表一种无论如何自己都无法超越的生物，因为他们无所不能，并随时和自己比较。和他们比较，自己总是望尘莫及，但是又无可奈何。

“别人家的孩子”源于父母口中，是父母恨铁不成钢的一种常见口头禅。父母是想通过比较，让自家的孩子也变得那么优秀。殊不知，每个孩子各有所长，盲目比较会给孩子带来压力，也给自己带来失望。

怎样正确看待“别人家的孩子”？怎样才能真正看到自己的孩子呢？

案例故事

丽丽已经两天没有来上学了。妈妈连续给班主任发来信息，请假的理由是：孩子不舒服，需要休息一天。

孩子哪里不舒服？去医院了吗？为什么不告诉我孩子情况的进展？这里面有什么问题吧？于是，老师拨通了妈妈的电话询问情况。

“也没什么，老师，她休息一下就好了！”家长有些吞吐的言语，让老师怀疑其中一定有问题。

“要是有需要帮忙的，您一定要告诉我。咱们可以一起商量解决问题。”

“没有的，老师，她好一点就去上学。”

“这样吧，请您让孩子和我说话。”

“老师，实话说吧，孩子和我吵架了，不起床，也不理我。我做了那么多事情，都是为她好，可她就是赖在床上不起来！我没有办法了，只能这样请假。”妈妈的语气有愤怒，也有焦虑。

老师拨通了丽丽的电话。从她懒洋洋接电话的声音中可以听出，她在生气。

“孩子，你如果真的生病了，就要到医院去看病。如果不是这种情况，请立刻到学校，学校是有出勤要求的。有问题我们当面解决，老师会帮你的。”

她没有说话。

一个小时之后，她和妈妈来到了学校。丽丽两眼通红，脸有些浮肿。老师将她们请到了安静的房间。

“丽丽，怎么回事呢？说给我听听。”老师拉着丽丽的小手，小手凉凉的。

“我来说吧。”妈妈抢先说道。

“丽丽就是不努力学习。我有一个侄子，学习成绩特别好，每次考试都是班级第一名，他考上北大了，真是他父母的骄傲。我的外甥女，也特别优秀，每天一到家就学习，考试在班级前三名，还学跳舞，练得特别刻苦，她的爸爸妈妈都心疼她。我们邻居家的淼淼，比丽丽高一届，学习一点儿都不用家长操心。我就和丽丽说，你怎么就不如他们呢！前几天测试，她的成绩多糟糕！她还不服气，还和我吵架，一点都不理解我的付出！”妈妈越说越生气，丽丽的头越来越低，眼泪流了下来。

忽然，丽丽抬起头来，大声说：“既然他们都那么好，你让他们来当你的孩子好了！干吗天天跟我叨叨，没完没了的！”

妈妈看向老师说：“老师，你看，她总是这样！不向别人学习，还抱怨我！”

房间里有一刹那的安静。老师让丽丽先等待一下，将丽丽的妈妈请到了隔壁的房间。

“从您刚才的描述中，我发现那些孩子的确很棒，的确可以是孩子的榜样。可是，那些都不是您的孩子，您的孩子是丽丽。”老师说道。

妈妈在听着。

“那些孩子有许多优点，丽丽也有许多优点呀！首先，丽丽特别善良，在班上担任爱心社长的工作，带同学们做公益，同学们很是肯定她。丽丽的小手也很灵巧，为老师们设计的小礼物，老师们特别喜欢！”

“可是她学习不好啊，我说的就是这件事！”妈妈还在坚持。

对家长说

在生活中，这样的故事很多。爸爸妈妈口中的“别人家的孩子”，往往令我们不舒服，心理不平衡，甚至产生抵触心理。我们有时也会这样回应：“您去给他做妈妈好了！”或者：“我永远也到不了那个水平！”这样的言语，听上去是有力的回击，实则既削弱了自己的士气，也会让爸爸妈妈失望至极，可能还会带来和爸爸妈妈的冲突。

在家长们眼中，好像世界上有两种孩子，一种是别人家的孩子，另一种是自己的孩子。

别人家的孩子代表了符合优秀标准的孩子，他们重礼仪，懂礼貌；他们学习努力，成绩优异；他们爱好广泛，特长突出……也可以说，他们样样都很行！他们就如一幅美丽的画作，让人心旷神怡，爱不释手。

反观自家的孩子，有着各种缺点、各种需要纠正的行为。就像一张白纸，上面还有黑点和破洞，需要进行不断地修理和改造。

所以，许多父母在对孩子说话时，都会采用这样的开头："你看某某家的孩子，要么考试第一名，要么钢琴过了十级，从不让父母操心……"此类话语不一一列举，总之，父母要表达的意思是，别人家的孩子比你强多了。还有一层意思就是，别人家的孩子能做到的事情，你怎么不行呢？

从案例故事可以看出，丽丽的妈妈是一位"关心"孩子成长的家长。她想通过丽丽与其他孩子的比较，为丽丽树立榜样，希望丽丽也成为她口中的"别人家的孩子"，但是，妈妈的比较适得其反，频繁的比较让丽丽产生反感，甚至想"躺平"，让妈妈的焦虑也不断增加，导致母女关系紧张，影响丽丽的学习。

比较，可以让人对事情的认识更全面，让人发现自己的不足，产生追赶的动力，是有正向意义的。但是，盲目的比较，忽视事实基础的比较，则会让人压力增大且无所适从。例如，对一个刚刚学习钢琴的孩子说："你看，那家的孩子都过了十级了！"孩子会怎么想？孩子会想：我在这方面也许真的不行。那么他很可能就放弃学习了。

家长们经常会神化"别人家的孩子"，这是不好的做法。首先，家长对别人家的孩子的评价往往是片面的，没有经过整体了解，只拿一个闪光点与自家孩子做比较，是难以令自家孩子信服的。同时，别人家孩子的成功，也是一朝一夕的功夫积累起来的，家长在夸奖时往往会忽视其背后的努力，让自家的孩子认为别人轻易就能取得成功，而自己却没有运气。所以，“神化”别人家的孩子，给自家孩子带来的是负面的影响。

最重要的，家长们要看见自己的孩子。这里的看见，不是看到的意思，而是要真正了解自己的孩子，客观评价孩子。要理性看待孩子间的差异，关注自己孩子的成长，发现孩子的亮点，为孩子成长提供助力和支撑。孩子是需要父母的肯定的。父母只有发现孩子的闪光点，并给予欣赏和鼓励、信心和力量，孩子才会有一路前行的底气。父母自以为的“比较产生动力”，恰恰会让孩子厌倦，事与愿违！家长要想一想，孩子的优点是什么？孩子需要怎样的鼓励？我们该如何表达肯定，才能让孩子有更大的动力？发现自家孩子的优点，用智慧帮助孩子“拔优补短”，让自己真正走入孩子心里。

家长们要有磨玉的心态。家长们要知道，每个孩子都是上天送给父母的专属礼物，每个礼物都各不相同。这正如一块块玉石的原石，需要父母呵护、抚摸、打磨，才能让每块玉石都发出自己的光彩。这需要家长的耐心、信心，切不可急于求成。

“父母之爱子，则为之计深远。”同时，家长要知道，孩子不是用来比较的，生活中固然有许多别人家的孩子，但你要面对的，是自己的孩子。

我们可以和孩子一起利用如下几招，化解“别人家的孩子”带来的烦恼。

对孩子说

1. 理性对待差异，正确评价自己

认识自己，是我们的必修课。有时我们对“别人家的孩子”特别敏感，是因为对自己的认知不足，对自己的信心不足。

我们要知道，自己的性格特点是什么？自己的兴趣爱好是什么？自己有什么长处？在哪些方面存在不足？自己的目标是什么？通过询问这些问题，更加清晰地了解自己并对自己进行客观评价。通过回答“怎么做可以提升自己？如何实现自己的目标？”将自己的目标转化为具体的行动。

当我们对自己有清晰的认知时，我们就不容易被外界的信息干扰。当父母说起“别人家的孩子”时，我们可以平静对待，冷静分析其成功的因素，用以指导自己的行动。当自己的行动取得效果时，我们会对自己充满信心，更加坚定地提升自己。

2. 理解父母用意，展现自身亮点

天下父母都是“望子成龙，望女成凤”。父母的语言可能很难一下子接受，但我们也要理解父母的苦心。知道父母对他人的表扬，就是对自己的期待。我们可以向父母展示自己的所长，例如，为父母做饭，为父母庆祝他们的纪念日，还可以利用现代科技手段，帮父母解决生活中的问题。用我们的亮点改变父母的观点，让父母感觉：“我家娃也很棒！”改变父母观点的过程，也是践行孝道的过程。懂孝道的孩子，做事更努力，更加令人尊重。

3. 坦诚沟通，共同营造家庭氛围

温馨的家庭氛围可以让我们学习更专注。当冲突发生时，我们首先要冷静下来，坦诚和父母沟通，共同解决问题。当局面严重时，要及时与班主任沟通，让班主任帮忙做家长的工作。我们要做问题的终结者，而不是冲突的发起者；做和谐氛围的创造者，而不是冷漠的指责者。

4. 抓住核心问题，踏实提升自己

当我们的确比不上“别人家的孩子”时，不要盲目逃避，而是要找到形成差距的核心因素：是自己不够努力吗？如果是，那就去努力。是自己不够重视吗？如果是，那就给予更多关注。我们要做出行动，而不是妄自菲薄。

这样说，并不是让我们一定要成为“别人家的孩子”，而是在抓住核心问题，踏实提升自己的过程中，让自己变得更好。

第二节　孩子总是指责别人？学会认可别人

生活中有这样一些人，他们在遇到问题时，总是将责任归咎于别人，而忽视自己的错误。他们常常很挑剔，不停地抱怨、诉苦。在与人相处中，他们为了掩盖自己的错误，逃避责任，增加自己的安全感，还可能会采取攻击性的行为，对别人进行指责。

因为有逃避责任、不能明辨是非、不能控制情绪等负面因素，他们常常不受人欢迎。在孩子学习的过程中，这类问题对孩子的学习效果有着很大的影响。

案例故事

随着“砰”的一声巨响，教学楼楼道门的大玻璃碎了！同学们刚刚下课，正在向外走，这突如其来的声音让大家特别震惊，同时快速躲开，担心有碎玻璃袭来！

这是怎么回事？是王光同学！那天，班级进行数学测试。交卷的铃声响了，同学们纷纷站起来，把试卷交到讲桌上。可是，王光同学没有交卷，他在继续做题，因为他还有一道题没有写完，他特别想写完再交卷子。这时，监考人王老师过来了，对王光说："孩子，时间到了，交卷子吧。"王光按住自己的试卷，不给老师，继续忙碌地写着。王老师抓住卷子的一角，稍稍用力一拉，卷子就到了老师手里。王光同学无法继续写了，但他还有一点儿就要写完了，因此他特别恼怒，对王老师说："为什么拉我的卷子？"王老师回答："时间到了呀，都要交卷子。"王光没有说话，气呼呼地向教室外面走，走到楼道出口，抬起一脚，就把玻璃踹碎了！

老师赶紧过来查看，幸运的是，他没有受伤，旁边的同学也没有受伤。

王光站在那里，脸涨得通红。看着老师和同学们清扫地面，也无动于衷。

老师把他叫到办公室，询问他为什么这样做，他气愤地说："王老师抢我的卷子！"

"孩子，那是考试时间到了呀，你应该交卷子的。"老师说。

"我就要写完了！为什么不等我一下！都怪王老师！她要是不拉我的卷子，就不会这样了！"王光的言语里满是抱怨。

老师让王光先平静一下。可王光根本平静不下来。后面的课，他也没有心思认真听。

放学了，王光回到家里，爸爸妈妈正一脸怒气地等他。这是他预料之中的事。

“为什么踹玻璃？”

“老师非要抢我的卷子！”王光辩解道。

“你要是按时交上去了，老师就不会抢你的卷子了！还不是你不遵守规矩！”爸爸说的是对的，但是严厉的语气让王光特别不能接受。他的反应更加激烈了。

“我就想将卷子做完，做完我就能分数高一些！”

“那是你做题太慢了！平时总让你做题快一些，你就是不听！”妈妈也加入了进来。

“那是题太难了！老师总是考难题，我当然做不完了！”王光的话题又转到了试题上面。

“大家都做同样的题，怎么就你说题太难呢？是你水平不够吧？”妈妈的问题，王光不想回答。

他认为，如果今天王老师稍等他一下，他就能将题做完，就不会有后面的事情了。这一切，都是因为数学考试，因为王老师。

王光是迫切希望能将题做完，取得一个好分数的。因为如果他的分数太低的话，爸爸妈妈会批评他。

但是，现在他的分数肯定是不理想的。而且，他又打碎了玻璃，破坏了公物，爸爸妈妈都在批评自己，情形真是更糟糕了！

妈妈说：“老师让我们和你好好谈谈，可是，你还认为自己有理，我们没法和你谈！”

王光说：“我也没有看出你们想和我谈呀！”

接着，他说：“你们就知道抱怨我，批评我！”

妈妈更加恼怒了，说：“你做错事情了，当然要批评你！难道还要表扬你？你就不能认错吗！交卷子这样的小事都处理不好，你将来还能做什么！”

王光倔强地抬起头，眼角有眼泪流下来。

家里突然变得特别安静。

爸爸妈妈回到房间，他们没有得到王光的道歉，相反，做错了事情的王光还在辩解，对老师不满意，对试卷不满意，这真是令人失望。事情该怎么解决呢？

王光回到了房间。他不是不知道自己的错误，但是，父母一直在批评自己，自己解释后父母却越来越生气，事情怎么会这样呢？

晚上，妈妈拨通了老师的电话。她告诉了老师王光在家里的表现，告诉老师这件事他们还没有和孩子谈好。

老师说：“王光妈妈，我想问您一下，是不是平时你们批评王光比较多，所以他容易指责和抱怨。”

这句话引起了妈妈的警醒。是不是这样？回想王光的成长过程，总是这样那样地出问题。自己和爸爸批评他很多，但也是为他好呀！难道不可以这样？

对家长说

从故事的表面来看，王光是一个易怒的孩子，他踢坏了学校的玻璃；他是不讲道理的孩子，在不交卷的情况下，还总在抱怨自己的老师和试卷；他是不服管教的孩子，老师和父母对他进行教育时，他都是反驳、辩解、拒绝认错的态度。

但是，我们要注意老师的那句话：“是不是平时你们批评他比较多，所以他容易指责和抱怨？”

我们来看王光回家时父母对王光说的话，里面包含的几乎都是批评和指责。

“那是你做题太慢了！平时总让你做题快一些，你就是不听！”

“大家都做同样的题，怎么就你说题太难呢？是你水平不够吧？”

“交卷子这样的小事都处理不好，你将来还能做什么！”

爸爸妈妈这样的言语，都是在告诉孩子：你不行，这件事都怨你！

这件事情，小王是有错误的。但是，每当出现问题，爸爸妈妈就以这样的言语指责孩子，孩子学到的就是这样的态度：遇到问题，指责别人。所以，他们的对话就变成：爸爸妈妈在指责王光不对，王光在抱怨老师不合作、试题太困难。其实，所有的对话都没有谈到如何解决问题。

父母是孩子的老师。父母对孩子指责过多，容易影响孩子做事的态度。大家可以对照以下情况，检查自己是否存在此类问题。

（1）无论孩子对与错，都要指责挑刺。故事中王光的父母，在王光进门时，没有询问，没有分析，只有批评。

（2）无法做到和孩子共情。孩子成绩进步了，很高兴地和父母分享。父母却说：“这点进步有什么好高兴的！”

（3）用小事否定孩子的一生。要知道，家庭对孩子性格的塑造，有着很大的影响。父母是什么样子，孩子就容易变成什么样子；父母对事情采取什么态度，孩子做事时也容易采取什么态度。如果父母在生活中经常指责别人，孩子也会学到这样的方式。

那么，如果孩子长期被指责，会变成什么样子呢？

（1）性格自卑，胆怯。他们会认为自己不如别人，自己什么都做不好。遇到问题采取躲避态度，拒绝面对。

（2）不愿意跟父母沟通。总是被指责，总是被“浇冷水”，孩子就失去了分享的欲望。遇到什么事情，不敢告诉父母，因为害怕被父母再次指责。

（3）青春期的叛逆更严重。就如故事中的王光，在自己没有道理的情况下，也选择继续争吵，“无理搅三分”是典型的叛逆行为。

总是指责别人的孩子，同学关系会变得很紧张，毕竟，谁会喜欢不讲道理、不明是非、逃避责任的同学呢？

对于爱指责的同学，我们如何做才能改掉自己的毛病呢？下面让我们和孩子共同来学习一下。

对孩子说

1. 改变说话方式，认可对方，多肯定

每个人的内心深处，都渴望得到认同，希望被看见、被赞美。我们首先要改变说话方式，从习惯性地说“不”，改为“是的”开始，让对方感到被认可。

例如，当你和同学的意见发生分歧时，不要一味地说“不，我认为你不对！”这样的言语容易让对方感到难堪，感到被挑衅。我们要说：“是的，你说的有一定道理。你再听听我的观点好不好？”这样，对方会更容易倾听你的观点。

所以，我们要常说“是的”，先肯定对方。

“是的”之后，是“并且”还是“但是”呢？当然是“并且”。因为“并且”的衔接更自然，更容易与后面自己观点的陈述融为一体。而“是的”之后很快接着说“但是”，因为转折太快，对方会有防范心理，不容易接受。

2. 学会控制情绪，适时沉默，不抱怨

指责、批评、抱怨，会带来情绪。情绪控制不好就会伤害感情，破坏关系。所以在学习、生活中，我们要留意自己的情绪。当发觉自己情绪不佳时，立刻闭上嘴巴。人们都说“沉默是金”，当问题发生时，先保持沉默，稳定情绪，整理思路，在情绪稳定的情况下，再跟对方沟通，才会有更好的效果。

3. 改变思维方式，换位思考，多理解

我们要学会换位思考，从对方的角度考虑问题，就能够更加理解对方的感受，从而让沟通更顺畅。

有这样一则小故事：

妻子在做饭，丈夫在旁边一直唠叨：“慢些！小心！火太大了。赶快把鱼翻过来，油放太多了！”妻子脱口而出：“我不用你指手画脚。”丈夫平静地答道：“这次你知道我在开车而你在旁边喋喋不休时，我的感受是什么了吧？”丈夫用幽默的方式让妻子感同身受。

4. 改变行动方式，多实践

世界上的事情并不都是“非黑即白”，而是中间有缓冲地带，能够让人们用迂回的办法解决问题。当选择用指责来解决问题时，其实是我们放弃了思考。首先，我们要相信，一定会有比指责更好的解决办法，指责不能解决问题。同时，有这样一句话：“当你伸出手指指责别人的时候，不要忘了还有三根手指指向自己。”我们要扪心自问，从自己身上找问题，并积极修正。

看待问题不要“一根筋”，要头脑灵活，积极思考，从多角度分析问题，寻找一件事情的多种解法，并从对比和分析中选择最优解。我们可以经常这样问自己：（1）这样的事情怎么处理呢？（2）还有没有其他的办法呢？（3）哪个办法最好呢？为什么？

有这样的一个小故事：小明和老师提出申请，不想和李想坐同桌了。“为什么呢？”老师问道。

“他总是借用我的铅笔、橡皮、尺子什么的。”

“他是怎么回事呢？是没有购买吗？”

“不是，是因为他的文具总是找不到，他就用我的。我很烦他。”

“你想过和他调开的结果吗？”老师问道。

“嗯，他就不用我的东西了，但他会认为我不是他的好朋友了。”

“那么还有好一点的办法吗？”

“我可以把文具藏起来？”小明笑了。

“那么你自己用也不方便啊。还有没有更好的办法呢？”

询问有没有更好的办法，是走向解决问题的第一步。

第三节　孩子抱怨学校老师？弄清情况理性沟通

一花一世界，一人一故事。每一个生命个体都是一个世界，都需要阳光，需要理解，需要肯定。每个孩子也是如此，当他们在家里抱怨学校的事情时，我们要控制好情绪，读懂他们的故事。孩子的成长需要的不仅是看护，还有理解和关注。

案例故事

“我才不管呢！我就这样，我就等你的信儿啦！”甩下这句话，萧萧的家长拿起包，猛地拉开门，扬长而去，教室里留下老师和一群家长，怔怔地不知说什么……

那是发生在某次家长会后的一幕。本来那是一次常规的家长会。月考之后，教师要和家长沟通一下孩子们的考试情况，制订下一阶段的学习计划。就在家长会快要结束的时候，老师说家长要配合学校工作，和学校一起帮助孩子进步。这时，萧萧家长站了起来，大声说道："我要说说咱们班数学老师的问题，那个老师就是不行，教不好孩子，老师你怎么帮大家解决，我们都想听听。"说着，她的手张开来，脸涨得通红，同时还面向大家，希望大家都来附和她，几个家长也在看着她，继而望向老师。老师虽然心里有些生气和紧张，但还是保持着冷静，也让萧萧家长先平静下来，保证家长会的顺利进行。

老师微笑着说："这位家长，您别急，您有问题想要我帮忙解决，当然可以。但是，我们这次家长会是沟通孩子的月考情况，这么多家长都来了等着听分析，您的问题，我知道了，会后咱们好好谈谈，行吗？"

家长会结束了，老师邀请她："咱们仔细聊聊是什么情况，看需要我怎么帮忙。"几个家长也围了过来。萧萧家长说："孩子对数学代课老师不满意，总在家里向我抱怨。"她的眼睛又瞪了起来，说："老师，你去找学校，换掉那个老师，必须换！"老师说："您别急，这个问题我可以帮忙反映，同时，我们也做做孩子的工作，孩子可能还是要先适应老师……"

刚说到这里，"别说这个！"她立刻就拦下了老师，继而出现了故事开头的那一幕，她留下狠话，自顾自走了。"这是解决问题还是批斗呢。"一位家长低语道。"是呀，这是一场家长会吗？"其他家长也表达了不满。

第二天萧萧来到学校，她依然笑着，和同学聊天，仿佛没有发生过什么。这令老师迷惑不解。她本可以跟班主任反映，和班主任聊一聊，为什么要背后抱怨，让家长愤怒至极。她都抱怨了什么呀？这让老师非常不理解。

中午时间，老师找到了萧萧，询问她数学科目的情况。她说："老师，这次考试，我数学考得不好，是我自己没有发挥好。"

"那你在家里是怎么和妈妈说的？说了数学老师的事情吗？"

"也谈过一些，我的数学成绩不好，妈妈询问是否存在老师讲课不清楚的地方。"

"那你怎么说的呢？"

"我说可能有一些吧，主要还是因为我自己基础薄弱，有时跟不上老师的节奏。"

"那你说过希望换老师的事情吗？"

"没有呀！妈妈看到我成绩不好，就非常不放心，乱猜理由……"萧萧的眼圈红了。"妈妈的脾气特别火爆，遇到事情，总是不分青红皂白地发火！上次，看到我的物理试卷分数是50分，立刻就不高兴了！批评我不认真学习，批评我能力差，批评我不好好做作业，差点撕了我的卷子！"

"就是前几天，你没有完成作业的那一次？"

"是的，老师，妈妈发脾气的时候，在我旁边批评我，我的心情极差，这样我就不能思考，更不能写作业了！"

"我该怎么办？"萧萧问老师。老师陷入了沉思。

对家长说

萧萧并不是一个很快乐的女孩儿，不快乐的主要原因来自她的妈妈。她的妈妈是不关心萧萧的学习情况吗？当然不是，反而可以说，她是过度关心孩子了。

在故事的开始，大家就能看到，萧萧的妈妈在家长会上，在众多家长和老师的面前吼叫、发火，不能理智地处理自己的情绪。

从孩子的叙述中可以看出，妈妈在家里还经常批评自己的孩子，让孩子感到紧张，阻碍了孩子的学习。从这方面来说，萧萧的妈妈是一个不能仔细体会孩子心情的妈妈。家长们要知道，孩子在学校一天的学习也是很紧张、很辛苦的。孩子回家之后，希望得到妈妈的安慰、理解和抚摸。如果家长感受并满足孩子的需求，就能缓解孩子心中的焦虑，让孩子感到家庭的温暖与和谐。在这种氛围下，孩子能够更加专心地学习。可是萧萧的妈妈却忽视了这一点，她以为通过自己的监督和吼叫，就能够让孩子专心学习，可是事实上，在这种压力之下，孩子只能够逃避和躲闪，造成学习效率低下。

还有，孩子在家里向家长反映问题是非常正常的现象，家长应该鼓励孩子和自己进行沟通，比如，家长可以询问孩子：在学校里发生了哪些有趣的事情？老师有怎样的评价？你们都上了哪些课，做了哪些实验？有哪些好玩儿的故事？哪位同学犯错了？哪位同学得了高分？等等。通过和孩子的沟通，能够更多地了解孩子在学校的学习生活。但是家长切记，不能对孩子的发言断章取义，更不能随意扩大范围。在这个故事中，萧萧的数学成绩不好，回到家里之后，妈妈没有仔细看试卷，和孩子分析这次做题难点在哪里，而是把责任推到了老师身上。事实上，她还可以选择和班主任沟通了解情况，甚至可以和数学老师直接沟通了解情况，但是，她采取了极端的方式，以愤怒的状态在家长会上提出问题，既影响了自己的形象，又不能解决问题，这种做法是不可取的。

虽然家长会产生不快的情况不多见，但是家长是否存在在家里向孩子吼叫的情况？很多家长会这样说："孩子，我是为了你好啊，我这么做的一切都是为了帮助你进步。"可是，真的是这样吗？当然不是。从故事中可以看出，萧萧是非常愿意妈妈做出改变的。如果你是这样的家长，请及时调整自己。

对孩子说

1. 传达整体，不要片面

试想，如果你对父母说："今天在班上，小强和李磊吵起来了，我们都在旁边观战。"父母会怎么想？他们的脑海里一定是这样的画面：两位同学大声争吵，其他同学嬉笑围观。老师在哪里？班级纪律何在？父母会对老师和班级管理产生质疑。事实上，是班级辩论会，两位同学各抒己见，非常精彩。其他同学倾听，兴趣盎然。如果把前因、后果、背景、情境传达清楚，父母就不会产生误会。还要注意用词确切，不正确的用词也会让父母产生误会。

我们还要注意不要断章取义。例如，我们向父母传达："老师说，同学们太不善良了！"父母会认为老师在批评同学。事实上，是同学们在教师节背着老师写了一封感谢信，放到老师桌上。老师特别惊喜，对同学们说："谢谢大家！不过你们不提前告诉我，有些不善良啊！"这是老师的幽默，同学们都笑了。所以，如何向父母准确传达学校发生的事情，也是一门艺术。

2. 及时沟通，兼听则明

当出现问题时，我们要及时传达。传达问题时，要以沟通、商量为目的，如实叙述，并征求意见。当父母、老师给出意见和建议时，记住“兼听则明”，综合考虑，从而找到最好的解决办法。

3. 控制情绪，客观表述

在和父母沟通学校的事情时，要平静、客观，不要让自己成为情绪的傀儡。更不要让情绪影响父母。如果父母容易暴躁，我们更要选择合适的语气，让父母安静倾听。我们还要给父母信心，告诉父母问题是暂时的，只要我们想办法，就一定能有改进、有提升。父母在这样的氛围中，会更愿意支持自己，支持学校工作。

第四节　孩子感觉被冷落？让孩子共同享受父母之爱

二宝、三宝的降临，让大宝的心理产生了微妙的变化。之前一直独享父母的宠爱，但现在要和弟弟妹妹分享这一切，他们会变得敏感，时刻观察爸爸妈妈的行为，看看爸爸妈妈是否还像之前那样爱自己，看看爸爸妈妈是否会偏心。当爸爸妈妈都去照顾更小的弟弟妹妹，注意力都在他们身上时，大宝会感觉被冷落，渴望父母注意到自己。

怎么能让大宝心理平衡，快乐地和弟弟妹妹共同成长呢？

案例故事

星期三早晨，李洁同学刚刚走进教室，就趴在了桌子上。老师在教室里走一圈，发现在靠窗边的位置上，李洁将头埋在臂弯里，她的后背在颤抖，而她的脚下有一大片碎碎的白纸屑！这是怎么回事？

李洁平时总是一副既沉默又高傲的样子，对老师爱理不理的。除了和同桌偶尔交谈，和其他同学则很少说话，即使不得不说话，也是恶声恶语的。上课回答问题时或不出声，或声音特别小，班上有什么安排，也从不发表意见，一脸漠然。老师和同学们认为她有些奇怪，避而远之，倒也相安无事。但是今天到底发生什么事情了呢？

老师伸手轻拍她的后背："怎么了？"她没有抬头，只是耸了一下肩膀。老师以为她没有听出自己是谁，于是更近地俯下身去，在她耳边说："什么事情呀？"她竟将头扭向了一边！

老师怒火上升，这也太过分了！老师想让她立刻扫地。但是，以她现在的情绪，她会去扫吗？老师犹豫了一下，生生将到嘴边的话咽了回去。

老师走到教室前面，拿来了笤帚和簸箕。一边扫，老师还一边对她说："抬一抬脚好吗？……请把椅子往这边挪一下……再动一下椅子。""无论是什么事情，也不能让咱们的教室这么脏呀。"老师一边轻声地说着，一边扫着。

扫完之后，老师将那些纸屑端出来，特地多走了几步，倒在了楼外的垃圾桶里。在老师回到教室时，孩子站在了老师面前，眼睛红红的，还有些微微抽泣。

老师和孩子坐在了楼外树荫下的长椅上，开始了谈话。

“愿意告诉我怎么回事吗？”

“老师，我可以告诉您，我觉着自己特别没用。”

“怎么回事呀？你怎么会说自己没用呢？”

“原来，我的爸爸妈妈对我特别好，他们都细心地照顾我。”

“那现在怎么了？”老师接着问。

“自从生了妹妹，爸爸妈妈都去照顾她了，他们就不愿理我了！今天早晨，该上学了，我找不到水杯，我就问爸爸有没有看到我的水杯，爸爸态度非常不好，大声说：‘你自己的东西自己找！’然后又去抱妹妹了。”

“哦，多亏你告诉我了，不然我还在猜是谁欺负你了，原来是爸爸呀！”老师笑了。

“老师，我不想上课了。我觉得自己特别没用，爸爸妈妈有妹妹就好了！他们也不关心我……”李洁的眼泪流了下来。

“回到家里的时候，爸爸妈妈都围着妹妹，很少理我。听着他们的笑声，我写作业的时候也会很烦躁，就不想写了！爸爸妈妈总是夸妹妹长得漂亮，夸她乖巧，说比我强多了，上课的时候，我也会想这样的事情，不能专心听讲……”

老师也记起来了，有好几次，自己提醒李洁要认真听讲，因为发现她听课过程中神情恍惚，叫她回答问题也是支支吾吾的，原来孩子心里装着这么多的事情。

“爸爸妈妈告诉我，我是姐姐，所以自己的事情能自己做，总是不帮我。”

“好了，”老师说，“你能将想法告诉我，我很高兴。首先，老师要说，你也是美丽、乖巧的小姑娘，在咱们班上，你是很棒的哦！学习认真，乐于助人，怎么能说自己没有用呢？可能是爸爸妈妈太忙了，忽视了一些事情。我想我能帮你，放心去上课吧！”

李洁去上课了。老师拨通了她妈妈的电话。

对家长说

李洁是敏感的小孩，有了妹妹之后，她时刻关注着父母的行为。父母夸奖妹妹，让她觉得自己在父母眼里不如妹妹；父母围在妹妹身边，让她觉得受了冷落。她走到了一个小旋涡里，这个小旋涡的中心就是“爸爸妈妈更爱妹妹”，她总是陷在这个感觉里，就会有自我否定、自我怀疑的想法，这令她很痛苦。

李洁对妹妹是有嫉妒之心的。嫉妒是人感情的一种表现，是一种人与人之间不良关系的体现。这是由于怨恨且察觉别人享有利益，并欲将其占为己有，因而产生的一种情感与心理状态。李洁觉得，妹妹夺走了原本属于她的宠爱，所以产生嫉妒之心。

对于大宝的“小嫉妒”，父母首先要理解，不要对大宝的这种心理大惊小怪，或者刻意渲染。相反，父母可以采取“缓慢消融法”，不刻意强调，也不专门教育，而是用平和的态度，公平地对待孩子的行动，让孩子不良的感觉逐渐消除。

父母要知道，“不公平”是矛盾发生的重要原因，有这样的说法：“不患寡而患不均。”拥有多个宝宝的父母，要知道每个孩子都有自己的特点和需求，家长要注意自己的语言，例如夸奖一个孩子的时候别忘了夸奖另一个，也要注意自己的行为，例如拥抱一个的时候也不要忘了拥抱另一个，让孩子们都能感受到温暖和肯定。当孩子之间出现矛盾的时候，如抢玩具、抢遥控器，父母要知道“隐”的奥妙，给孩子空间和时间，让孩子自己解决问题，如果需要父母出面解决，那就要“一碗水端平”。

父母要注意注意力的分配。有了二宝之后，父母更要注意大宝的感受，因为在二宝到来之前，父母是专属于大宝一人的。二宝到来之后，大宝会经历一段“适应期”，在这一阶段，他们会将父母与生二宝之前的父母进行对比。所以父母要仔细体会大宝的感受，建议安排大宝的专属时间，安排生活中的小仪式，例如大宝生日、大宝学习进步了、大宝学会新技能了，为大宝送上小礼物、小赞美，帮助大宝顺利度过“适应期”，消除敏感、紧张、被比较的感觉。

故事中的父母，对大女儿的感受是不够关心的。在他们的眼里，大女儿可以自己做事情，就不用太关心了。事实上，他们没有接收到大女儿“求爱，求关心”的信号，造成了大女儿的情绪低落，影响了学习。

对孩子说

1. 理解，并申请专属时间和礼物

首先，我们要理解父母的选择，也要理解爸爸妈妈养育孩子的辛苦。同时，也要知道，聪明的孩子会求助。我们没有必要把自己放在边缘的位置，在那里默默体会被冷落的感觉。爸爸妈妈一定不是故意冷落我们的。我们要走出自己划的“孤独圈”，走向爸爸妈妈，告诉他们自己的需求，以及自己想要和他们沟通的渴望。我们可以和父母约定沟通时间，在那个时段里，父母的时间专属于自己，共同进行深入交流。我们还可以和父母申请我们的专属奖励，如考试进步、竞赛获奖等，让父母关注我们的进步。走近父母，积极沟通是排除心理不平衡的第一步。

2. 迎接，并主动照顾弟弟妹妹

要迎接家中其他宝宝的到来，并担当起照顾弟弟妹妹的职责。为他们做一些力所能及的事情，如叠衣服、拿奶瓶，培养自己的责任和担当，这样做也会得到父母的肯定。在上面的故事中，试想一下，如果李洁去拉妹妹柔软的小手，为妹妹做些事情，一定能够感受到幸福。

3. 记录，并分享大家庭的幸福

“一个好汉三个帮”，拥有了兄弟姐妹也是拥有了更多陪伴自己的朋友。大家可以共同学习，遇到问题可以共同商讨，相互帮忙，做事的力量更强大了。我们还可以一起出去游玩，共同探索新的未知，其中的体验也会更加丰富。在共同成长的过程中，我们可以用相机、手机记录家庭的瞬间，然后将我们的作品与同学、亲戚分享，共同感受大家庭的幸福。此外，建议大家写成长日记，随着兄弟姐妹长大，可以轮流写日记，留下我们共同成长的痕迹和回忆。

4. 宽容，并成为有大格局的人

我们要知道，家中有兄弟姐妹，可能让家里有些混乱，兄弟姐妹们会有这样那样的小错误。这是正常的。我们要有宽容的态度，行动起来，将家里整理干净，帮助兄弟姐妹改正错误，让家人感到拥有我们的幸运，也让自己成为宽容的人、有格局的人。

第五节　孩子抗拒？家长要学会适时放手

有人这样说："人生就像握一把沙子，抓得越紧流失得越多；只有适当地松开，才会留住美好的东西。"教育孩子不也正是如此吗？

在孩子的成长中，家长要学会适时放手，让孩子有机会自主解决问题和承担责任，孩子才会变得坚韧、自强、自立。

案例故事

天天很想周末和同学一起骑车出去玩，可是妈妈不同意。天天决定再和妈妈谈一谈。

"妈妈，我们约好了，让我们一起去吧，要不我就失约了！"

"你本来就不应该和他们约定啊，你应该先和我商量。"

"当时在学校里，您又不在身边，"天天说，"您就答应吧，他们的父母都同意了呢。"

"那是别人家的父母。我只负责你，"妈妈说，"你看你近期的测验，成绩总是下滑，是不是心里都在想如何出去玩！还有，你和同学出去玩，多不安全！"妈妈很坚定，且把不同意的理由做了补充："你周末要在家里，好好把这些科目补一补，我陪着你。"妈妈把安排都做好了。

天天很抗拒。他和同学已经做好了约定，违背约定是很不好的事情。再说，关于成绩，他自己也着急，他的计划是先和同学放松一下，然后抓紧时间，更高效地复习。

妈妈还是没有同意。

周六早晨，天天按照妈妈的安排，开始复习物理。他的头脑里却都是同学们一起骑车游玩的情景，不免心中烦闷。

“孩子，你要专心哦！妈妈也是为了你好！你把题目做完了，咱们周日下午出去玩，好不好？”

“嗯。”天天答道。

天天继续做题。妈妈看出他情绪低落，说道：“你能不能高兴点？我也在陪着你，也没有出去游玩啊！”

“那么您也可以去呀！”天天小声嘟囔道。

“孩子，我这么做，也是为了你呀！你成绩高了，大家都高兴啊！你想想，到时妈妈带你去吃好吃的，带你去旅游，多好啊！”

可是，天天就是打不起精神来。他还在想同学游玩的事情。他不明白，和同学出去骑车，能耽误什么呢？或许，骑车回来之后，学习效果更好呢。

但是，他现在不能这样说。妈妈也很辛苦，如果成绩不好，妈妈会不高兴的。自己也感觉对不起妈妈。

周日下午，妈妈和天天商量去哪里玩。

“妈妈，您来安排吧。”

“孩子。你需要出去运动运动。如果你在家里的话，你就会玩手机，对你的视力很不好！”妈妈做了决定。

天天和妈妈来到了公园。公园里有许多人，有的跑步，有的踢球，一派生机勃勃的景象。天天和妈妈一起散步，妈妈告诉天天认真学习的好处，告诉天天她当年是如何认真学习的。这些话天天听了许多遍，但是，妈妈每次讲起来，都像是第一次告诉天天。妈妈还告诉天天晚上回去之后如何安排。

这时，看到许多人在草坪上踢球，妈妈对天天说："你也去踢球吧，看他们玩得多高兴啊！"

天天摇了摇头说"不去"。

"为什么呀？"

"妈妈，我踢球不好，我担心他们会嘲笑我。"

天天胆小的样子，让妈妈很生气："大家就是一起玩，不会嘲笑你的！"

天天烦躁极了，说道："妈妈，我不想去！"

天天接着说："我不想和他们一起玩！我不能为自己做个决定吗？"

天天说的话不多，但让妈妈不知如何回答。

对家长说

从故事中，我们看到了一位全心全意为孩子服务、尽心尽力为孩子谋划的妈妈。她把自己全部的时间和精力都给了孩子，牺牲了属于自己的生活。她既要做孩子时间的控制者，又要做孩子生活的照顾者。她把一切都自己承担，只是为了那句"我是为了你好"。

但是，从孩子的表现来看，孩子是否体会到了妈妈的好？没有。在妈妈为孩子做的安排中，孩子是不专心的、是消极的，他被动地完成着妈妈的任务。孩子是否快乐？不快乐。孩子是压抑、倦怠地听着妈妈的话，陪着妈妈做事。妈妈快乐吗？当然也不快乐。妈妈能感受到孩子的不开心，她为此也不开心。

陈鹤琴先生说："凡是孩子自己能做的事，让他自己做。"这样，对培养孩子的独立性、自理能力很重要。家长要相信孩子，为孩子

"赋权"，给孩子机会，孩子才会"增能"，学会为自己的行为负责。故事中，天天想先去和同学骑车出游，然后安排学习，妈妈完全可以尊重孩子的计划，让孩子感到家长的信任，这份信任会让孩子更有动力。如果这样安排的结果并不好，那就是孩子学会承担后果的好机会。让孩子在失误中成长，在纠错中有所收获，也是助力孩子成长的途径。

我们还要知道，欲速则不达。孩子每天都在成长，他们更像一只小蜗牛，需要时间，需要耐心学习做事、做决定，也会经历磕磕绊绊。可以说，每个人的成长都是如此，可是，心急的父母太多了，他们采取急于求成的方法，为孩子安排，为孩子决定，总想让孩子少走一些弯路。事实上，家长这样做，打乱了孩子成长的节奏，让孩子成长的空间又拥挤又混乱。在混乱中，孩子被拖着往前赶，不能独立思考。

我们要把耳朵留给孩子，倾听孩子的心声。成长中的孩子，有他们自己的需求，有他们自己的想法。家长要与孩子沟通，听到他们的需要，给予最合适的帮助，才能真正走进孩子心里，成为孩子的好朋友。故事中的天天，清晰地向家长表达了他的诉求：如果他破坏和同学的约定，会非常没有面子。但是，妈妈没能捕捉到这一信息，一意孤行地安排天天的周末时间，造成了天天的失望。

在做安排的时候，家长一定要坐下来，和孩子认真沟通，鼓励孩子发表意见，更要鼓励孩子自主做决定。家长要"听见孩子"，然后给予支持。专注的眼神，灵敏的耳朵，让家长走进孩子的内心世界。

我们要注意掌握说话的分寸，即教育孩子要有"度"。给建议时点到为止，商量事情时充满尊重，有分歧时委婉提出，让孩子感受父母之爱，让孩子担当自己之责。如果父母没有掌握好"度"，认为孩子应该全听自己的安排，孩子感受到的就是压抑、控制，并失去兴趣和动力。

在《伊索寓言》中有这样一则故事：

北风和太阳是一对好朋友，一天他们为了谁的本领大而争论不休。正好路边走来一位行人，于是他们决定比试比试，看谁能把这个行人的衣服脱下来。北风轻吹，用力吹，使劲吹，一次次加大风力，结果行人却把衣服裹得更加严实了。太阳慢慢普照大地，逐渐越来越热，行人则不得不慢慢脱了衣服。

我们知道，“言传身教”对孩子有着积极的影响。家长要想孩子努力向上，自己首先要做一个这样的人：积极做好时间规划，清晰处理生活中的事情，果断做决定并且为自己的决定负责，这些都会引领孩子的发展。家长不可把自己的生活都依附在孩子身上，而是要活出自己的特色、自己的精彩，为孩子作榜样。

对孩子说

1. 建立边界意识

边界意识就是要清晰地区分对方和自己。我们在与父母、朋友相处的过程中，要明确地区分边界，哪些是自己应该做的，哪些是对方应该做的。需要征求对方意见的要去询问，需要自己做的事情要认真做好而不推卸给别人。

故事中的妈妈总是在为天天做各种安排。这就是二人边界不清晰的现象，导致二人沟通不顺畅。

2. 敢于承担责任

要敢于做决定并承担决定的后果而不是逃避。习惯于依赖他人的人，总是希望别人来为自己做决定，希望有人来分担压力和责任。正是这种想法，使得这些人胆怯、懦弱、不作为。所以，我们要在分析问题的基础上，勇敢做决定，承担决定的后果。也许，这会让自己有压力和痛苦，但正是这样的坚持，才能把自己锻炼成一个独立自强的人。

3. 做好情绪管理

很多时候，我们会将不能排解的情绪，发泄到亲近的人身上，让他们成为我们的“垃圾桶”。要知道，任何人都不可能永远做我们情绪的垃圾桶，况且这种做法会令他们感到厌烦。我们要学会管理自己的情绪，摆脱情绪的控制，做情绪的主人。

我们可以用以下方法应对负面情绪的干扰：

（1）注意力转移法。让自己忙起来，忽略负面情绪。

（2）树洞法。树洞是网络用语，指可以将秘密向一个绝对不用担心会泄露出去的地方倾吐。我们可以将负面情绪写在自己的日记本上，然后合上本子，让负面情绪留在那里。

（3）转化法。尝试从另一个角度看待问题，让自己从负面情绪中看到另一种可能，而不是陷入旋涡不能自拔。

4. 活出个人特色

每个人都是独立的个体。每个人都有自己的特点和长处。我们不要将自己依附于他人，而是要肯定自己，亮出自己的特色和风采。

在这里说的自己的特色和风采，并不是不听父母的话，相反，要和父母认真沟通，交流如何解决问题，共同探讨问题解决之策。父母和孩子是相扶相搀、共同前进的朋友，是相互关心、相互帮助的伙伴，以此为基，各自成就各自的风采。

第六章

强烈的学习兴趣，让学习的动力更充足

人们常说，兴趣是最好的老师。

兴趣在生活中不可或缺。兴趣可以增强孩子学习的动力，帮助孩子提高专注力，让孩子富有创造力。带着兴趣做事情，可以增加做事的幸福感和满足感。兴趣可以帮助孩子交到朋友，因为他可以遇到志趣相投的人，从而扩大自己的社交圈。

既然兴趣对人们如此重要，那么，如何培养孩子的学习兴趣呢?

首先，要让孩子知道，学习是他应尽的义务。通过学习，可以实现自己的理想，以此激发孩子的愿望。

当孩子对某件事、某个学科产生兴趣时，要尊重孩子的兴趣，并给予适当引导，鼓励孩子自主选择。同时，要给孩子提供多样的选择。在家里时，可以和孩子共同读书，共同探讨国内外时事，共同完成家庭的布置等；还可以带领孩子走出去，体验大自然，体验高雅艺术，体验艰苦劳动，在丰富的体验中，让孩子发现自己的兴趣所在。

还要保持良好的心态。当孩子出错时，要宽容并给予指导；当孩子对问题产生质疑时，要有耐心并与他探讨，以此激励孩子勇敢坚持。

兴趣需要呵护，需要不断激发。当孩子的兴趣受到肯定时，他对自己兴趣的喜爱程度会增加，当他从兴趣中得到收获时，他会更坚定，其得到的收获会更多。这就是常说的“越来越好”。相反，孩子的兴趣受到忽视、嘲讽，他可能会质疑自己的选择，甚至放弃。

所以，不要以为孩子对某科目、某件事有兴趣，家长就可以等待结果了。而是要更多关注孩子的心理变化，及时送上鼓励，让孩子从兴趣中得到快乐。

第一节　孩子记不住公式？将知识放入实践中

公式，在学习中，尤其在理科学习中，有着举足轻重的作用。如果把知识比作一栋房子，那么公式就是支撑房子的柱子。在分析和计算中，如果公式错了一点点，就会“失之毫厘，差之千里”。而有的学生总是记不住公式，这让他们成绩下降，学习的信心受到打击。

公式从哪里来的？通俗地说，是人们在研究过程中，通过对生活、对事例的反复总结提炼出来的。那么，我们将公式运用于生活实践，在实践中体会公式的由来、公式的意义，记忆公式是不是就变得非常简单呢？是的。

案例故事

“这个物理公式怎么又写错了呢？”爸爸拿着成成的物理试卷追问成成。那是一个关于浮力的公式，成成将其中的减号写成了加号。成成的这道计算题，因为一个小小的符号而前功尽弃。

成成说：“不就是一个符号的问题嘛，下次我记住就好了！”虽然减分很多，但成成没有把这个错误放在眼里。

爸爸又看了成成的其他错题。有好几道题都和公式相关，都是由于公式的记忆出现偏差，导致整个题目计算错误。

爸爸生气了，说道：“成成你怎么这么不小心！记忆公式这么不上心呢！你要把这公式抄 10 遍！”

成成没有说什么，把公式抄了10遍给爸爸看。

“这次记住了？”爸爸问道。

“记住了。”成成回答。他感觉终于可以休息了。

过了几天，成成拿回的物理测试卷让爸爸又不知说什么才好。因为公式又错了，还是上次的那个公式，还是上次那个错误。减号变加号，只是出题的场景变了。

爸爸指着上面的错误，问成成：“还是这个公式，怎么又错了呢？”

成成小声说：“爸爸，我又写错符号了。”

“那么上次的10遍就白写了？”

“那我再写10遍？”成成真的担心爸爸会因为这件事情生气。

“一个浮力的公式，怎么就记不住呢？”爸爸还是有些情绪失控。

“爸爸，可能我就不是学习物理的料，我总是学不好！”成成的话让爸爸特别郁闷。怎么就学不会呢？问题在哪里呢？

前几天的数学测试，成成的成绩也不高，拿到试卷的时候，爸爸让成成把错误的题目再做一遍，成成基本都做对了。爸爸就很纳闷：“为什么一到考试，你就做不对呢？”

“一到考试的时候，我就有些紧张，尤其时间不够用的时候，我就总想立刻把题做完，结果公式就记乱了，写出来就不对了。”

公式记乱了？爸爸捕捉到了这个信息。他想到了一个好办法。

第二天，在成成的书桌上，就出现了一本书，是物理、数学、化学公式汇总。爸爸得意地说：“看，这个多好，咱们把这个都背下来！”

没想到，成成看到那本书，特别不高兴，他说：“这么多，我可背不下来！这些学科我天生不擅长，学不好，您就别逼我了！”

爸爸非常失望。怎么办?

对家长说

从文中可以看出，成成的爸爸是非常负责任的。他关注孩子的学习，以他的方法来帮助孩子进步。为什么说是以他的方法呢？因为他主动提出，让孩子将公式抄 10 遍，以增加记忆的准确度。

抄写是许多老师、家长常用的手段，他们认为此方法能够帮助孩子记忆，且简单易行。但是，这个办法也是粗暴的。因为在完成抄写任务的时候，孩子做的是反复的工作，是机械的工作，并不能调动孩子的思考，也可以说，在抄写的过程中，孩子基本不用动脑，所以记忆的效果可想而知。此外，这样的惩罚会影响孩子学习的积极性，让孩子产生厌倦、疲惫的感觉。所以，当孩子把公式当成必须背下来的条条框框时，不仅增加了学习的负担和压力，还对科目的学习不利。

当发现孩子的公式记忆出现失误的时候，家长们要深入思考问题的根源。我们都在要求孩子记忆公式，正确运用公式，但是，公式哪里来的？公式是总结出来的，是将规律进行汇总和概括得出的。那么，我们可以将公式放置于生活环境中，让孩子在动手实践中体验总结、归纳公式的过程，让孩子对公式“知其然”更“知其所以然”，他们对公式的理解就会更深刻。

在实践中运用公式，孩子也能更多地体验公式的多种运用方式，发现公式的“生命力”。在孩子看来，此时的公式会有更多功能，有更丰富的意义，他们运用起来就会更灵活，达到新的学习层次，这远远高于简单记忆的学习层次。

那么，孩子如何才能做到不仅记住公式，还能熟能生巧呢？下面一些方法我们可以引导孩子来共同尝试。

对孩子说

1. 动手实践

动手实践，是促进思维、培养综合能力的好办法。在学习物理、化学等学科时，我们可借助实验，在实验中发现公式的由来。例如，在学习化学时，做这样的实验：将一个带壳的生鸡蛋放入白醋中，1 ~ 2 天后，拿出鸡蛋，用水冲洗干净，观察鸡蛋的变化。鸡蛋外壳已经没有了，而且蛋清和蛋黄也发生了变化，就像一个弹球一样，富有弹性，这是为什么呢？鸡蛋壳的主要成分是碳酸钙，遇到白醋后，二者发生反应，蛋壳变成了可以溶解的物质，水一冲洗就溶解了。而蛋清中富含蛋白质，遇到酸会发生变性，于是就产生了弹性。这时书写相关的化学方程式，就变得很容易。我们还可以用尺子测量圆柱体的周长和直径，亲手计算圆周率。自己动手，自己悟道理，同时提高动手能力，能够让自己对世界充满好奇，乐于进一步探索。学会善于用自己的双手解决生活中的问题。

当然，去科技馆、实验室参观也是增加体验的好途径。

2. 主动创新

如果你想让一个人造一艘船，那么，首先要激发他对海洋的渴望。带着这种渴望去建造船只，建造者一定会积极主动、思虑周到，并愿意开发新方法以达到最好的效果。在动手操作、增加体验感的同时，要继续研究背后的原理，而不是止步于第一步的实验。我们有自己的深入思考，有自己的钻研精神，像科学家那样去思考，多问一些为什么，争取更大的收获。

在学校的实验课结束后，我们可以在家里进一步研究，探索新的可能。例如，有的同学购置小电路板，实践并联、串联的原理。接下来，继续研究：我们学到的知识还可以在哪些地方得到应用？我们还可以怎样创新？开拓思维，你会发现不一样的世界。

3. 展示、分享和讲解

我们要把自己当成一位小专家，在动手操作的过程中，将原理、操作方式进行讲解，尤其要对其中的公式进行分析，这样既整理了思路，又训练了表达能力。我们也可以请父母帮忙，让他们来做我们的记录者，帮助拍照、录视频，将实践的过程记录下来，让我们在反复观看中发现更多的可能。我们还可以将拍摄的图片、视频在班级分享，带动更多的同学加入进来，让研究队伍更壮大。有伙伴同行，我们做起来就更有兴致！

第二节　旅行只是游玩吗？不，那是锻炼孩子的好机会

清代梁绍壬在《两般秋雨庵随笔》中写道：“读万卷书，行万里路。”这是说一个人要想增长见识，必须读万卷书，走万里路。旅行能够让孩子开阔视野，增长见识。但旅行的意义不止于此。如何选择目的地？如何做旅行时间规划？如何做攻略？要注意什么？让孩子主动研究这些问题，也是让孩子学以致用、担当责任的过程。

如何让孩子在旅行中得到锻炼，提升能力呢？

案例故事

临近放假，妈妈一直在计划带明明出去玩。去哪里好呢？妈妈征求明明的意见，明明说："去哪里都行，不就是出去玩嘛。"明明的态度令妈妈有些灰心。妈妈也是特地攒下了年假，和公司申请，才得到这个假期的。

妈妈没有办法，自己定下了目的地——西安。妈妈知道，西安是世界闻名的历史名城，与世界著名的罗马、雅典、开罗等古城齐名，也是中国六大古都中建都时间最早的一个都城。西安市还是中国最佳旅行目的地，有秦始皇陵兵马俑、大雁塔、小雁塔、唐长安城大明宫遗址、汉长安城未央宫遗址等，除了拥有厚重的历史，西安还有各种小吃，凉皮、肉夹馍……这些一定会让明明喜欢的。

妈妈开始准备行装。查天气、定酒店、查城市地图，妈妈忙得不亦乐乎。明明却一直在那里，用 iPad 玩游戏，一副超然洒脱的样子，好像旅行这件事和他没有关系。当妈妈询问他一些建议时，他总是回答："行吧，您看着办吧。"妈妈很无奈，只能自己忙碌。

"到西安就好了！有那么多好玩的景点，他就会把 iPad 放下了。"妈妈这样安慰自己，更加迅速地收拾起来。

终于到了西安。他们走进了兵马俑博物馆，看到兵马俑屹立在那里，排兵布阵，神情威严，妈妈感到特别震撼！她拉住明明的手，挤进人群，想看得更清晰一些。她指着那些兵马俑说："孩子，快看，多威武！"然后又提醒明明："认真听讲解哦！"

明明跟在妈妈的身边，嘴里应着，然后妈妈告诉明明这是什么那是什么，明明听着，也不怎么回应。

走着走着，妈妈忽然发现，手里怎么空了？明明去哪里了？她从人群里退出来，焦急地四处寻找。就在不远处的墙边上，明明拿出了iPad，在那里开始玩游戏了。

一股怒火涌上妈妈的心头。“你怎么可以这样！”妈妈走到明明身边，拉住了明明，说道：“咱们出来旅行，你怎么能在这里玩游戏呢？”

明明说：“妈妈，您去看吧，我在这里等您就好了。”

这句话让妈妈更加生气：“你怎么回事儿？难道只有我来旅行吗？难道不是你也要来旅行吗？”

明明说：“妈妈，我想歇会儿。”

妈妈说：“不是这样的，你并不是想休息，你只是想玩游戏，对不对？”

明明说：“那里边儿真是太挤了，妈妈您自己去看吧。”

妈妈真的生气了，但她不能在馆内和孩子争吵，于是拉着明明快速地走出了兵马俑展览馆。

到了一片偏僻的地方，妈妈的情绪爆发了：“你真是太不懂事儿了，妈妈好不容易积攒了这么多的假期，终于能够带着你到这里来。可你却不好好玩儿！”

“是您要到这里来的，也不是我要来的呀！”明明的声音也提高了。

明明这句话让妈妈彻底崩溃了：“你所说的到哪里都可以，就是到哪里都玩游戏，对不对？你看，在路上你也一直在玩游戏！我想，到了这里之后，你会专心游玩的，可是你还是玩游戏。你这样旅行还有什么意义？那么咱还不如在家里呢，也不用到这里丢人了！”

明明看着妈妈，一副漠然的样子，说："也是啊，妈妈，要不，咱们回去吧。"

妈妈不知怎么回答。回去？那么这次期待已久的旅行就结束了。不回去？可这样下去还有什么意思？

对家长说

"熊孩子，真难带！"这句话可能是明明妈妈当时的感受了。在那种情况下，妈妈不知如何做出正确的选择。如果回家，所有的计划和期待都将成为泡影；如果继续，孩子也将收获不到任何东西，争吵也会是不可避免的事情。看到这里，读者朋友是不是也感到了明明妈妈的为难呢？事实上，我们思考问题要追其源头。也就是说，妈妈此时的"为难"在事情的开始就出现了端倪。我们可以从三个问题谈起。

首先，为了谁而去旅行呢？如果是为了妈妈散心而去旅行，那么安排的重心就在妈妈身上，妈妈最想去哪里？妈妈最想收获什么？从故事来看，显然，这次的旅行不是为了妈妈，而是妈妈为明明计划的。既然是为明明计划的旅游，明明在做什么？从开始就是妈妈在计划，妈妈在收拾，妈妈在提醒。妈妈是个能干的人，但是，这恰恰削弱了明明的参与感，明明在此过程中只是跟着妈妈走，明明的主动性就消失了。

旅游也要考虑主动性吗？当然。旅行正是锻炼孩子的好机会。一个有主动性的孩子会自己计划时间、行程，会自己准备物品，会主动征求父母的意见和建议。不要以为孩子年龄小、做不到，只要他们心中以期待作为动力，他们是可以完成的，并且还会享受其中的过程。

其次，旅行的目的是什么？许多人可能会回答"旅游就是出去玩啊”。要知道，此时的玩，是有意义的玩，是寓教于乐的玩，而不是打发时间的玩。故事中明明的妈妈在选择旅行目的地的时候，挑选了西安，这是很好的选择。但是，既然是为孩子计划的旅行，妈妈就要把关于西安的知识与孩子分享，确定此次旅行我们的目的，确定我们到底要学到哪些知识，不同的景点我们要特别注意哪些知识，总之，旅行之前做好计划和准备，不打“无准备之战”，才能收获满满。

最后，旅行过程中要注意什么？有哪些行为要求？故事中的明明认为出去旅行是放松的，打游戏也是放松的，所以随时停下观光而去玩游戏。旅行的确有放松的意义，但是，放松也要有规矩。观光的时间里要做什么，放松的时间里可以做什么，游戏可以玩多长时间，在出发前都要商量好。没有规矩，不成方圆。明明和妈妈由于在此方面的沟通不到位，所以出现了旅行过程的冲突。

怎样才能有一个既收获知识，又放松身心，还能增进亲子关系的旅行呢？下面也为孩子分享一些好方法。

对孩子说

1. 达成约定，行使主权

组织旅行的重要意义之一就是锻炼自己的规划能力。旅行的意义不是从走出门开始，而是从计划旅行的时候就已经开始。我们要和父母沟通好，我们要有发言权、组织权和决定权。所以，计划旅行的时候，我们要认真和父母沟通几个问题：

（1）我们要去哪里旅行？

（2）选择的原因是什么？

（3）我们选择怎样的到达方式？各种方式有什么不同？

（4）我们需要做什么样的准备？

（5）我们还要有什么样的特殊提醒？

然后，开始动手做准备，父母可以提出建议，及时指导。在此过程中，我们对旅行的理解会更加深刻。同时，由于是自己计划的旅行，所以主人翁意识更强烈。

2. 明确目标，规划旅行任务清单

要做一个旅行任务清单，根据旅行的地点，全方位设计旅行任务，让自己“带着问题去旅行”，培养旅行中的研究意识。

我们以周末去大运河公园为例，展示旅行任务清单。

（1）大运河密符扇（历史 + 美术）。在日常生活中我们经常会在手机上设置不同的图案或数字作为解锁密码，以保护个人的隐私和财产安全。其实，早在几百年前，聪慧的先人就发明了密符扇，作为漕运监察的秘密武器。每个密符都由两部分组成，上半部分绘的是符号的形状，简称“符形”，下半部分用楷书注明符号的名称，简称“符名”。通过运用密符扇，在漕运这种重大经济活动中，明晰了登记、验收、画符各环节的权责，建立起行之有效的责任体系和监督机制。密符扇在一定程度上遏制了“漕弊”行为，也因此成为大运河漕运历史的一段佳话。

你能设计一个密符扇么？

（2）用英语介绍大运河公园（历史 + 地理 + 英语）。许多外国友人对中国的大运河非常感兴趣，他们想了解大运河的历史、穿流的区域和景观的特色。假如你是一名导游，带领外国友人参观大运河公园，你能用英语进行介绍吗？

有了这样的任务清单，带着完成任务的心态旅行，就会增强研究意识，增长知识，旅行就更加有意义。

3. 做好攻略，为父母做导游

在选择旅行地点之后，要认真做好攻略，尤其是自由行，攻略是必不可少的环节。自己做攻略，可以深入了解目的地的交通、住宿、风土人情等。更重要的，在旅行中，根据自己做的攻略，承担起做父母小导游的任务，为父母引路，给父母讲解，父母及时送上肯定和表扬，那么这趟旅行一定是美好的！

4. 写好日记，记录美好瞬间

美好的瞬间稍纵即逝。我们可以在旅行中撰写旅行日志，记录下美好瞬间。还要在日志中记录下自己的收获和对自己的提示，可以让接下来的旅行更顺畅。多年以后，再翻看这些日志，美好的旅行时光又回到眼前，我们看到自己和爸爸妈妈的旅行如此美好，会更加热爱生活，热爱这个世界。

第三节　知识总是不丰富？让孩子爱上阅读吧

知识的积累就像堆沙子。沙堆地基越大，才能堆得越高。阅读，就是不断加强地基，并随着沙堆不断增长的过程。

让我们一起陪孩子阅读，成为“腹有诗书气自华”的人吧。

案例故事

班里的知识竞赛如期举行！这是由班上语文课代表组织的班级活

动，利用班会的时间进行。学习委员是班上的“小小博学家”，她号召了班上的几位“智多星”“小书虫”，一起联合出题。同学们都很兴奋，猜测可能出现的题目。他们还准备了奖品，奖给竞赛优胜的同学。赫赫看上了奖品中的拼图。虽然网上也能买到，但要是能以奖品的形式得到，不是更好吗？此外，这次竞赛不仅记录个人得分，还要汇总小组得分，分数高的小组有奖。赫赫想，我们小组能够赢的话，也是好的！

竞赛分为两个环节。第一环节为必答题，每位同学一张测试题，限时作答。第二环节为抢答题，看谁答得又快又准。

限时作答开始了！赫赫看到卷子上的题，眉头紧锁，不知道如何正确作答。第1题和第2题都关于《红楼梦》，《红楼梦》是老师推荐阅读的，可是自己没有认真阅读，所以不知道答案。现在真想把书打开来看一看，但是，即使书就在手头，也不能立刻找到啊。

还有一些题目是关于《平凡的世界》。赫赫知道这是路遥的作品，他大概了解故事的内容，但是，那些题目他也回答不出来。“这些题目设置得太细了吧！”赫赫心里抱怨着，硬着头皮往下做。

下一个题目是关于《老人与海》。老师鼓励大家读《老人与海》，可是自己并没有读。怎么办？只好随便选答案，听天由命看运气了。

试卷上交了，来到了抢答的环节。赫赫对卷面试题有些失望，想在这个环节争些分数回来，于是特别专注。可是，他发现，同学们好强！他们回答特别快速、准确，根本没有自己的机会！自己不会的，不能举手，终于有自己会答的题目，可是又没有别人快！眼看着别人不停得分，赫赫心里特别着急。

竞赛结束了。赫赫的分数很低，那个被设为二等奖的拼图与自己无缘了。看着李欢拿到了那份奖品，赫赫心里很不是滋味。

小组的分数汇总也计算出来了。赫赫他们组的分数最低。再看一下组内同学的分数，赫赫的分数最低。组长刘赞说：“赫赫，你要是多得些分数就好了！”刘赞的话不多，但已足够让赫赫难为情。

老师对活动进行了总结，表扬了分数高的同学和小组。老师鼓励大家多读书，认真读书，下次再比赛。老师还说：“分数少的同学要多加油哦！”他觉得老师是专门对他说的，虽然是鼓励，但让他很脸红。他在想，怎么能让自己答题得高分呢？

回到家里，他急忙拿出手机，想多搜一搜，找到题目，自己背下来，为下一次竞赛做准备。

妈妈察觉到了赫赫的异样，过来询问原因。

“今天知识竞赛，我得分很低。”

“其他同学怎么样？”妈妈关注整体的情况。

“我的分数是比较低的了。那些题我都不会，那些书我也没有好好读过。”

“都有哪些题呢？”赫赫叙述了上面的一些题目。

“也不难啊！让你多读书，你总是不听！现在看出差距了吧？”

“妈妈，您现在说这些有用吗！”赫赫听到妈妈的语言中有讽刺的意味。

其实，妈妈哪里是想讽刺他！妈妈只是想提醒他：以后多读书！

“我哪里有时间！那么厚的书，我怎么看得完！”赫赫有些崩溃。

“你有时间看手机，有时间去打篮球，难道没有时间看书吗！”妈妈的话，让赫赫不知如何回答。他红着脸，看着妈妈。

其实，赫赫不重视阅读书籍这个问题，已经不是第一次出现了。上次的语文考试中，赫赫作文成绩低，老师和妈妈沟通时提到，孩子的知识积累薄弱，老师建议同学阅读的书目，赫赫完成的也比较少，所以他的作文总是举例不丰富，语言贫乏。历史老师也提醒，孩子要多阅读，增加知识储备。这次的竞赛，让这个问题更充分地展示了出来。妈妈心想：必须要解决这个问题了。

对家长说

阅读，是一种非常重要的技能。阅读能够帮助孩子获取知识，拓宽视野，还能够提高孩子的思维能力和语言表达能力。从头至尾认真将书读完，也是对孩子专注力、意志力的锻炼。积极向上的书籍，对孩子的正直品格、高尚境界的形成有着重大影响。古往今来，许多国内外名著在人类进步、国家发展中有着举足轻重的作用。家长要帮助孩子从小养成爱读书、读好书的习惯，主动读书，主动思考，让好的书籍成为孩子的良师益友，助力孩子成为对国家、对社会有益的人。从这一角度来说，赫赫班里的知识竞赛，是很好的设计，是有促进意义的。

从故事中可以看出，赫赫因为自己答不出问题而焦虑，是有上进心的小孩；他因为未能为小组争光而羞愧，是一个有集体荣誉感的小孩。但是，他是懒惰的，也是有畏难情绪的。他对老师提议的阅读任务采取漠视的态度，看着书的厚度，担心自己看不完，就选择逃避，这都导致了赫赫知识积累薄弱的问题。有这样一个幽默的说法：“一天不读书，自己知道，十天不读书，老师知道，一个月不读书，全世界都知道。”现在，赫赫的问题就凸现出来了。

我们再来分析一下妈妈。妈妈知道读书的重要性，也叮嘱了孩子要读书，但是，妈妈采取了什么行动和措施帮助孩子落实呢？我们看不到。所以，妈妈需要找到合适的办法帮助孩子认真阅读书籍。

下面让我们和孩子一起来学习如何才能爱上阅读，从而获取更多知识。

对孩子说

1. 制订阅读书单

阅读书单，能够显示阅读的进度，也能让我们的阅读任务更清晰。所以说，养成阅读习惯，先从制订阅读书单开始。首先，我们要和老师沟通，记录下老师们推荐的书籍。然后，对书籍进行分门别类标号，确定阅读的顺序。虽然希望阅读更多的书籍，但是“饭要一口一口地吃，书要一本一本地读”。对于书籍的分类和排序，建议按照同类一组的原则，如名人传记类、科学探索类等，同一类的书籍，在相近时间阅读，可以增加书籍知识的对比和补充，为形成结构化知识做好准备。

2. 带着问题阅读

在阅读书籍之前，要设计好问题，然后带着问题去阅读。带着问题阅读的好处颇多。首先，带着问题阅读能够激发兴趣，让我们在阅读过程中积极思考。其次，带着问题阅读，可以增加对书中知识的注意力，获取更多知识。最后，带着问题阅读，可以加深我们对知识的记忆。

所以，在阅读长篇小说时，我们可以设计这样的问题清单：

（1）书中的故事发生在什么时代？

（2）书中的故事发生在哪里？

（3）书中都有谁？他们都有怎样的性格特征？

（4）为什么发生了这样的故事？

（5）是什么促使故事情节不断推进？书中有哪些转折？

（6）故事的结果是什么？作者想告诉我们什么？

在每一章节，也要设计这样的问题，用问题引领自己不断读下去。读书的过程，就像寻宝的过程。当书籍读完的时候，这些问题又可以成为我们的复习“链条”，借此“链条”回忆书中内容。

3. 定时阅读，定时开展读书分享会

在故事中，赫赫说“我哪里有时间读书呢”。事情总是这样的，如果我们不去做，就永远没有时间去做。只有我们真正去做了，才有时间去做。这就是行动的力量。时间就像海绵里的水，需要我们去挤，需要做合理安排。将每天的一个固定时间设为阅读时间就是一个好做法。将作业、休息、阅读时间合理分配，定好时间，不随意更改。同时，建议父母一起阅读，成为我们的阅读好伙伴。在阅读到某一环节，我们可以组织开展“小小的读书分享会”。在分享会中，我们以分享促理解，以分享促表达，以分享激兴趣，在分享中产生阅读的动力。

4. 将阅读与生活相联系

读书，要学以致用，知识的掌握才会更牢固。我们要将阅读收获与生活实际联系起来，让书中的知识、书中的精神成为生活的力量。例如，当遇到困难想放弃时，想一想《老人与海》的主人公；当想要抱怨生活时，想一想《平凡的世界》中的孙少安。这样，书籍就能更加深入地融入我们的生活。

除了思想上的启迪，我们在行动上也要积极实践书中的内容。例如，当我们阅读介绍植物生长的书籍时，在条件允许的情况下，可以尝试在家中种植植物，感受植物的生长过程。当阅读实验类、烹饪类的书籍时，动手做一做，让书中的内容进入实践当中，这样，我们的知识会更加丰富，同时，也为书中的内容赋予了生命力。

第四节　知识只在书本中？生活处处有新知

生活处处皆学问，生活处处有新知。

四季轮回、草木生长、花鸟鱼虫、柴米油盐，各有其规律与特色。汽车为什么能跑？飞机为什么能飞？燃气为什么能燃烧？手机如何接收信号？生活中的万千事件，都蕴含着多样的原理和道理。孩子们不仅要学习课本知识，更要向生活学习。处处留心皆学问，我们要做生活中的有心人，读好生活这本无字书，将无字书与课本有字书结合，将动手与动脑结合，成为真正有学问的人。

案例故事

爸爸终于出差回来了。一进门，他先拥抱了明明，出差半个月，虽然会打视频电话，但是总不及抱在怀里感到亲切。

爸爸迫不及待地走向阳台，那里有他亲手培养的各种植物。

说起来，爸爸可喜欢在家里养花了。有文竹、绣球、玫瑰等，各种各样。他每天为花儿浇水、修剪，家里总是鲜花盛开，四季如春。妈妈特别喜欢这种氛围，明明也如此。虽然他很少去照顾那些花儿，但是也享受着花儿带来的愉悦。

这次出差前，爸爸对明明说："孩子，妈妈医院工作那么忙，你也长大了，这次为花儿浇水的任务，就交给你啦！"

"没问题！"明明回答得特别干脆！爸爸把任务交给自己，是信任自己！他非常高兴。

"我来告诉你怎么浇花，过来啊。"爸爸说道。

明明不想放下手里的游戏，说道："爸爸，您放心吧，这个我都会。"

爸爸出差走了。明明记得答应爸爸的事情。他每天放学后，都为花儿浇水，哪一盆都不落下。他想，爸爸回来肯定会表扬自己的。一想到这些，他干活就更起劲了。

爸爸看着那些花儿，小明在旁边自豪地等待爸爸的好评。可是，爸爸皱紧了眉头。

"明明，你看这棵虎皮兰。"

小明仔细一看，那棵虎皮兰的一片大叶子垂到了花盆的下面。

这是怎么啦？小明用手一拉那片叶子，叶子就掉了。仔细一看，叶子的根部有腐烂的痕迹。小明往虎皮兰的根部看，那里其他叶子也有腐烂的现象。怎么回事呢？

"爸爸，这是怎么回事呢？我天天都浇水啊！"

爸爸笑了："你忘了我告诉过你，虎皮兰喜旱不喜涝？"

"喜旱不喜涝？"明明想起来了，爸爸是说过，可是自己给忘了。再说，这是什么意思呢？

"那就是说，它喜欢干旱一点，不喜欢水多。它耐旱，几天不浇水也没有关系，但是如果你浇的水多了，它就会腐烂。"爸爸解释道。

“那就是我把水浇得太多了！”想到自己每天浇水，他现在特别不好意思。

“明明，这些知识你要多学一些哦！”

明明点了点头。心里却在想：“下次我浇水时注意一下就好了。学习这些有什么用，反正考试也不会考到这些。”

事情就这样过去了。

那是假期的一天，妈妈发现，冰箱冷冻室结冰太严重了，就把冰箱冷冻室的东西清理出来，然后告诉明明，让他帮忙进行除冰。这个对明明来说不难。他把冰箱的电源拔掉，打开冷冻室的门，等待冰霜解冻。在等待过程中，他拿起了手机游戏。

冰霜解冻好慢啊，直到妈妈下班回来，还有部分冰霜没有解冻。在此过程中，明明要不时地去擦落下来的水滴，不敢走开，只能等待，因此感觉特别疲惫。

妈妈下班回来了。明明抱怨道：“以后这样的活儿我可不干了，太浪费时间了！”

“明明，你想过有什么好办法，能够加快解冻速度吗？”妈妈在启发他。

“能有什么办法？冰总是不解冻，我就只能等了。”

妈妈无奈地笑了笑。

原来为冰箱除冰这件事，都是由妈妈来完成的。但某次事件后，妈妈决定让明明来完成。那次，她带明明参加了社区举行的家庭知识竞赛，竞赛中的题目与日常生活紧密相关，例如，如何去除粘贴在物品上的标签？炒菜时油温越高越好吗？脚踝扭伤后是先冷敷还是先热敷？这些知识非常实用，可是明明对许多问题都不了解。他说：“这些我也没有学过呀！”

对家长说

从故事中可以看出，明明是一个爱学习、愿意做事的孩子。他的知识，主要来自课本和课堂。一旦超出课本范围，他就不再关心。这样下去是否可以？当然不可以。

2016年，《中国学生发展核心素养》总体框架正式发布，核心素养是指学生应具备的适应终身发展和社会发展需要的必备品格和关键能力，突出强调个人修养、社会关爱、家国情怀，更加注重自主发展、合作参与、创新实践。根据已经发布的《中国学生发展核心素养》研究成果，核心素养以培养“全面发展的人”为核心，分为文化基础、自主发展、社会参与三个方面。我们的孩子要有知识基础，要有学习能力，更要将知识与社会实践相结合，将知识运用于实践，从实践中获得真知。

明明在课堂中学习了很多知识，成绩也不错，但是，如果不能与生活相联系，那些知识会成为无源之水，无本之木，那么知识的意义在哪里呢？

除了将知识应用于实践，从实践中学习知识，对生活好奇，主动学习知识是非常重要的。大家知道这样的格言：真理诞生于一百个问号之后。这告诉我们，要带着研究的心态，主动学习更多的知识，才会有更多、更好的发现。

例如，洗澡是一件非常普通的事情。洗完澡，把浴缸的塞子一拔，水哗哗地流走。但是有谁注意到排水时水流漩涡的方向呢？美国麻省理工学院机械工程系的系主任谢皮罗教授，就注意到了这一点，他发现，每次放掉洗澡水时，水流漩涡总是向左旋，也就是逆时针方向！这是为什么呢？他继续研究这个问题。他自己设计了一个蝶形容器，开始做实验。他把蝶形容器里面灌满水，每当拔掉蝶底的塞子，碟里的水也总是形成逆时针旋转的漩涡。他发现，这是一种有规律的现象。于是，他发表了论文，认为水流漩涡与地球自转有关。

谢皮罗认为，北半球的台风都是逆时针方向旋转，其道理与洗澡水的漩涡是一样的，继而推断出，如果在南半球则恰好相反，洗澡水将按顺时针形成漩涡；在赤道则不会形成漩涡。

他的论文引起各国科学家的兴趣，纷纷在各地进行实验，结果发现谢皮罗的论断完全正确。

这位教授从洗澡水的漩涡，联系到地球的自转问题，再联系到台风的方向问题，并做出了合乎逻辑的推理，这正是他在生活中善于观察、善于思考的体现。

当爸爸要教明明浇水的方法时，明明认为自己都会，不必学习；当他为冰箱融冰时，他只是等待，没有思考更好的办法，导致时间的浪费。其实，就冰箱融冰的事情，另外一位同学就采取了这样的办法：他将冰箱门打开之后，将电风扇对着有冰的地方吹，冰很快就化开，成块地掉落下来，融冰工作很快就完成了。因为他发现，风能吹干衣服上的水，能使火苗更旺，能推动帆船，风是空气流动产生的，虽然看不见，但是它是有力量的。所以他进行了尝试，结果很成功。这种想法是值得肯定的。

苏霍姆林斯基说过："在儿童的精神世界里有一种强烈的需求——总想自己是发现者、探索者。他们期望自己获得成功，期望体验到创造的快乐。"我们要鼓励孩子动手学习，研究生活，从发现到创造，成为真正会学习的人。

那么，孩子如何向生活学习呢？

对孩子说

1. 明确现代社会对人才的要求

我们要成为社会需要的人才。现代社会需要什么样的人才？需要的是德才兼备，既有高尚的品质和社会应变能力，还能不怕苦，不怕累，具有学习能力和积极心态，有自信心和上进心的人才。我们要关注课本的核心知识，但是只有课本知识是不够的。我们更要关注的是课本知识背后的逻辑、原理和思维品质，要关注自己的研究能力、应用能力、创新能力和解决问题的能力。不要在“象牙塔”中学习，而是要走到生活中，将知识运用到实践中，知识才会更有意义。从实践中得到知识，对知识的理解一定会更加透彻。

2. 多问为什么

在生活中，要多问为什么，研究事物的原理，总结自己的经验。为什么妈妈蒸包子要加入酵母？为什么空调能带来凉风？为什么有的照片清晰度高，有的清晰度低？

走出家门，去研究更广阔的世界：马路旁种植的为什么是这种树木而不是另一种？飞机为什么能飞起来？为什么会有火山……可以求助家长进行解答，也可以求助电脑、手机，甚至可以求助专家，用自己的好奇，观察生活，研究生活，得到生活中的各种知识。你会发现世界更加奇妙，学习更加有趣！

3. 制作生活知识“小锦囊”，举办生活知识小竞赛

将学习到的小知识、小技巧进行汇总、分类，制作出属于自己的

知识“小锦囊”。锦囊中的知识可以来自两个部分：一部分是我们在实际生活中自己问“为什么”而得到的答案；另一部分是课本知识在实际生活中应用而得到的答案。例如，生活中的浮力，厨房中的化学等，当然还有两种知识的融合。不要小看锦囊的作用哦！那是知识积累的纪录，还可以在班级、家庭进行分享，举办生活知识小竞赛，传播知识和学习方法，成为真正的学习小达人！

4. 多动手实践

我们的创新意识、创造能力，可以在自己探索问题与解决问题的过程中得到培养和提升。例如，要设计、制作一个小书架。我们要思考如何添加一些特殊的功能？如何为书架添加个性化的装饰？开动脑筋，动手实践，就是从书本到生活、从制作到创作的过程。

在实践的过程中，出现失败现象是正常的。失败是成功之母，失败不仅能告诉我们什么是不行的，还能锻炼我们的意志。从失败中学习，也是一种重要的学习方式，是走向成功的必经之路。

第七章

优秀的学习品质，让孩子成为出色的『千里马』

学习品质包括学习能力、学习习惯、学习状态等，它直接影响学生的学习效率和学习效果。

一个具有优秀学习品质的人，对学习有着强烈的愿望，主动学习。

一个具有优秀学习品质的人，把学习当作最快乐的事情，享受学习。

一个具有优秀学习品质的人，对学习有着明确的目标，坚持学习。

一个具有优秀学习品质的人，在学习中心无旁骛，专心致志。

一个具有优秀学习品质的人，在学习中有“打破砂锅问到底”的精神，不弄明白不放弃。

一个具有优秀学习品质的人，在学习中研究自己，针对自己的薄弱项重点提升。

一个具有优秀学习品质的人，会提前预习，会主动发问。

……

上面这些，就是家长眼中的优秀孩子！

优秀的学习品质不是天生的，而是在后天的培养中一点一点形成的。这个过程是漫长的，需要耐心、慧心、恒心，需要专注力、毅力、创造力，需要家长、孩子和教师通力合作，共同前行。也许还需要更多。但是，为了共同的目标，大家一定会克服困难，助力孩子去拥有优秀的学习品质。

愿每个孩子带着优秀的学习品质，成为奔跑的“千里马”！

第一节 孩子抗拒学习？鼓励孩子成为与众不同的自己

陶行知先生曾有过这样的比喻："培养教育人和种花木一样，首先要认识花木的特点，区别不同情况给以施肥、浇水和培养教育。"每个孩子身上都有自己的闪光点，如果家长能把握好，闪光点就会成为孩子进步的起点。如果总是盯住孩子的弱点，忽视其优点，那么优点也会萎缩。所以当孩子的表现不尽如人意时，我们要换一个角度看待孩子，发现孩子的特点，根据其特点采取更好的办法。喜荫的植物我们不能在阳光下暴晒，喜旱的植物不能多浇水，根据其不同，施以适合的方式，它们都会用自己的亮丽色彩装点这个世界。

案例故事

在家里的客厅墙面上，贴着许多士兵作战的图片，有正在瞄准靶子的，有正在匍匐前进的，有正在背包奔跑的，还有的正在昂首吹号……各种姿态！每位士兵都精神抖擞，意气风发。更值得一提的是，这些图片都是手绘的，每一张都栩栩如生！说到这里，也许大家会好奇，家里怎么会收集这么多士兵的图片呢？这些图片是谁画的呢？告诉大家，这些都是爸爸用"计谋"获得的！每一张都记录着一个小盟约的实现。

故事要从一次英语练习开始。

刘鑫个子矮小，长相清秀。他不爱说话，经常低着头，安静地做着自己的事情。他遵守纪律，上学从不迟到早退，不干扰课堂，感觉很乖的样子。但是，有一件事情特别让人头疼，那就是在每次英语测试中，班里只要有一个孩子不及格，那一定是他。更突出的问题是，他的英语单词听写从来都不过关，甚至交上来的英语单词测试本上，只有两三个单词，还不正确。那天，他的单词练习根本没有上交！老师向爸爸反映了这个情况，爸爸找他谈话，询问他为什么这样，他小声吞吐地说：

“单词我背了呀，可我就是不喜欢学英语，我就是学不下去，我背不下来！您……您就别逼我了！”

“这怎么行，你一定要把单词背下来！”爸爸吼道。

刘鑫的头埋得很低，脸涨得通红，想说什么，却又憋住了。爸爸说：“你要是不把单词背下来，我就陪着你背！”

爸爸天天盯着他背单词，很是煎熬。刘鑫的冷漠和抵触，让爸爸觉得自己的付出特别没有意义，他也经常发愁：怎么才能让他有转变呢？

那天，又是单词练习，老师将刘鑫的本子拍照发了过来，上面的内容让爸爸震惊！本子上只有一两个并不完整的单词，在那一页的下方，却有一个手绘的小士兵图像！那位小士兵端着枪，枪口正在瞄准看本子的人，旁边还有一串声音符号“啪，啪，啪”，火星四射！这是刘鑫画的！这是一种抗议，让老师、父母不要再逼他背单词。可见他对英语单词是多么不喜欢！

“别的同学在听写单词，而他却在画画，真是过分！”爸爸非常生气，但是，生气不能解决问题。能放弃他吗？答案是否定的。爸爸仔细看着纸上的小士兵，肩章领章整齐，绑腿军鞋齐备，枪下还有一个小飘带！还带声音设计，小士兵端起肩膀，眯起一只眼睛瞄准，特别专注的样子，枪声的设计也很巧妙！客观来说，这幅小画非常传神。看着看着，爸爸突然有了一个想法：他能在几分钟的练习时间内完成这么完整的一幅画，也不简单啊！是否可以把他的才能当成突破口，让他将本领迁移到英语学习中呢？这次事件是不是一个契机呢？

对家长说

“白日不到处，青春恰自来。苔花如米小，也学牡丹开。”清代诗人袁枚的这首诗给教育带来了思考和启迪：我们的教育目光不能一味关注花园里耀眼的大花朵，也要多投向墙角处不起眼的小苔花，因为他们也在努力地生长。鲜艳的大花朵，微弱的小苔花，都应当给予悉心呵护和精心培育。

让每一个孩子成为有用之才，这才是教育的目的。对于成长过程中暂时落后的孩子，家长们要给予更多的尊重和理解，同时给予更多的信任和激励，让孩子能够有信心主动去实现更大的突破，创造更多的人生可能。

故事中的刘鑫是对英语不感兴趣的孩子。如果继续批评他、否定他，他有可能会失去希望，完全放弃英语的学习。幸亏刘鑫的爸爸没有那样做，在研究那张小兵图画之后，他对孩子说：“孩子，你画得好棒啊！我非常喜欢！”看着孩子一脸惊愕的样子，爸爸继续说：“你是专门为我画的，为老师画的，对不对？我们特别喜欢你画的小士兵，我和老师谈了，她希望你帮她画一幅大一些的，可以吗？”这些语言，让等待批评的孩子感到了理解和肯定，他的心理由抵触变成了接纳，变成了乐于去做事情，产生了非常好的教育效果。

家长要换个角度看待孩子，发现孩子的不同。人们常说："多一把尺子，就多一批好学生。"换一个角度，就可能发现孩子更多的优点。从英语学习来看，刘鑫是不积极学习的孩子，是没有天分的孩子。但是，在画画方面，他是积极、热情、乐于投入的孩子。角度不同，对孩子的看法和评价也不相同。

家长还要善于点燃孩子心中的火苗。我们要相信每个孩子都有潜在的力量。家长要不断给予动力，激发孩子潜能，让每个孩子有勇气展现自己，带着拼劲儿、闯劲儿成为更好的自己。

最初，刘鑫小朋友是不积极的，对于他人、对于学习是拒绝的，但是，他有着自己的绘画优势，更有着被发现、被欣赏、被信任的渴望。正是因为那"带枪声"的练习本让爸爸震惊和警醒，有了爸爸和老师的默契，有了"小兵盟约"的激励，才有了刘鑫逐步建立的自信和热爱，才有了他一次次令人刮目相看的自我超越。

接下来，让我们和孩子共同学习，成为更好的自己。

对孩子说

1. 发现自己的不同，欣赏自己的亮点

"尺有所短，寸有所长"，每个人都有自己的优点和长处。在此案例中，爸爸和老师发现，刘鑫英语学习特别吃力，但是在画画方面有着自己的特长。他们以此为契机，激发了刘鑫学习的渴望，改变了他对英语、对学习的态度。我们要研究自己，发现自己的特点和长处，是擅长唱歌、打篮球、做手工、写作？还是其他？也许有的同学会说，我没有这些特长和爱好。没有关系，我们一定有其他的优点：待人热情、情绪稳定、和同学关系好、做事能坚持等，都是值得肯定的优点。欣赏自己的亮点，你会更加爱自己。

2. 激发潜在的力量，敢于成为自己

我们能在多大程度上接纳自己的价值，就能在多大程度上以一种友好的方式对待自己的行为，并在需要的时候改变它。我们不是要去攻击自己的行为，而是要去肯定自身的价值，并让自己的价值得到发挥。

有的同学总是盲目否定自己、质疑自己，认为自己不行，当别人提出反对意见时，就立刻放弃自己的想法；有的同学总是模仿别人，认为别人的就是好的。这些现象会让我们成为没有主见、没有思想的人，会阻碍我们的发展。所以，告诉自己“我可以成为自己”，让自己的小宇宙爆发，去积极行动，让自己的价值得到更好体现。

3. 坚守自己的信念，不断发展自己

为自己定下目标，让目标激发自己的向往和渴望，激发身体潜在的力量，我们能将事情做得更好！例如，有一位同学，他的英语成绩比较落后，主要体现在阅读方面。他在开学时告诉自己：“本学期读完三本英语原著小说。”在此大目标下，他设计阶段目标，每天坚持，用自己的方式完成了目标，提高了成绩。

他发现，自己是有方法、有意志力的孩子。于是他更加喜欢思考，研究适合自己的方法。带着对自己的喜欢，他更加热爱生活，敢于成为与众不同的自己。

4. 不断虚心学习，成就更好的自己

“欣赏自己，敢于做自己”是对自己的肯定，是让自己专心学习，做事更有动力，绝不等同于孤芳自赏和止步不前。孤芳自赏的人往往自命清高，自我欣赏，自认为了不起，这可能会给学习进程带来阻碍。我们要带着谦虚的态度，认真研究，深入思考，以丰富的知识充实自己的底蕴，以坚毅的学习品质获得更大的进步。在不断坚持中，成就更好的自己。

第二节　孩子总是想躺平？激发孩子的内驱力

近几年，“躺平”从网络热词延伸到人们的日常生活中。“躺平”是一种总能保持波澜不惊的心理状态，多指人安于现状、无所作为、逃避竞争的状态，他们不去追求改变和成功，而是妥协和放弃，这是一种消极向下的生活态度。

“躺平”一词也进入了某些孩子的学习生活，敷衍、偷懒的行为随之产生，令家长非常焦虑。魏书生老师这样说：“用孩子心灵深处的能源，去照亮孩子的精神世界。”这也是教育子女最省力的办法，让我们去开发孩子心灵深处的能源吧。

案例故事

周日的下午，轩轩躺在床上，手里拿着手机，脸上带着满足的微笑，他的游戏进展顺利。

但他的微笑被妈妈的声音打断了。“轩轩，作业写完了吗？”妈妈问道。

“写完了呀！”一丝紧张出现在轩轩脸上，他知道，新的任务来了。

“来，你把这几道题做了，二十分钟完成。”果不其然，妈妈已经准备好了练习题。

“妈妈，能不能让我玩一会儿？”轩轩和妈妈商量。

“不行，孩子，你上周的数学测试，成绩很糟糕，咱们再多练一练吧！”

“怎么才算不糟糕呢？必须要成为班级第一名才可以吗？”轩轩对妈妈的安排和理由感到非常不满。

“要是你能得第一名，那当然好了！”

“那么，如果我不能成为第一名的话，我就永远不能休息了？”轩轩的烦躁愈发明显。

妈妈对轩轩的学习状态很是头疼，但是也没有什么好办法。妈妈只能催促，再催促，可是她发现，随着催促的语气越来越急促，频率越来越高，轩轩的动作却越来越慢，反应越来越迟钝了。

妈妈控制着情绪，等待轩轩完成题目。

过了半小时，轩轩的房间没有声音。难道他还没有做完？妈妈很疑惑，走进了轩轩的房间，发现轩轩躺在床上，闭着眼睛睡觉呢。

“你怎么在睡觉？那些题做完了吗？”妈妈问道。

“做完了，您看看！”轩轩指向书桌上的本子。

“那你可以自己订正一下啊！”妈妈提高了声音。

“是您让我做题的，所以还是由您来给我检查吧。”轩轩态度依然不好。

“你难道不知道我是在帮助你得高分吗？”

“既然是让我得高分，您就要问我愿不愿意啊？”轩轩也是振振有词。接着说道：“妈妈，我觉得我现在挺好的，您别逼我了！我特别累！”

又是这样的话，这令妈妈非常伤心。

他居然如此不求上进！轩轩的成绩在班里是中间的位置，妈妈希望他能够进入班级前列，想方设法帮助他，但他自己居然感到很满足！为了让轩轩成绩进步，妈妈找题，催轩轩做题，再给他订正，很是疲惫！

“来，和妈妈一起看这道题。”妈妈发现，虽然轩轩将题做完了，但错误很多。妈妈控制着情绪将轩轩拉起来。

“妈妈，让我休息会儿吧！”

“咱们来看题吧。难道你不想上更好的大学？”

“我不想考虑那么多！妈妈，我很累，我现在想休息！”轩轩拒绝得很干脆。

妈妈看着床上的轩轩，这不就是“躺平”吗！忽然想到的这个词语，刺痛了妈妈的心。多么可怕的词语啊！孩子从什么时候开始“躺平”的？自己每天陪伴他学习，孩子怎么就“躺平”了呢？妈妈百思不得其解。最重要的是，接下来怎么办？怎么能让孩子立刻行动起来去学习呢？

对家长说

从故事中，我们又看到一位不辞辛劳、甘于奉献的妈妈。望子成龙，望女成凤，家长的迫切心愿在轩轩妈妈身上体现得淋漓尽致。她陪伴孩子学习，为孩子规划学习内容，给孩子讲人生道理，每一方面都做得周到又细致。但是，从轩轩的反应来看，妈妈的付出并没有得到轩轩的理解，相反他认为妈妈在“逼自己”，希望妈妈“放自己一马”。难道是轩轩不知感恩，没有良心吗？不是如此。

从轩轩的行为和想法来看，他是想“躺平”的。

孩子为什么会“躺平”？因为疲惫？不仅于此，还有更深层的原因。

1. 家长控制强度大

每个孩子都是独立的个体，有自己的想法、需求和追求。在生活中，很多家长忽视了这一点，存在控制过度的现象。家长们往往对孩子说“听我的准没错儿”“我是为你好”，为孩子做各种细致周密的安排，不容许孩子反驳和改变。久而久之，孩子会认为自己独立的安排被家长否定，从而放弃自己的独立思考，思想也容易变得懒惰。同时，家长过度的安排，会让孩子产生抵触心理，发生行动上敷衍、被动的现象。

故事中的轩轩就是如此。对于妈妈安排的做题任务，轩轩是反感的，因为这不是他想做的事情。

2. 孩子目标不清晰

目标是一个人前进的动力。孩子会在目标的指引下主动做事，也会因为实现目标而感到幸福。如果只有任务，没有目标的设置，孩子在任务完成过程中则容易出现懈怠。

当妈妈说“你上次考试成绩不太好”，轩轩的回应是“我觉得挺好的”。说明妈妈和轩轩对“好”没有一个清晰的定位，也没有对“达到什么目标为好”做预设。这种情况下，孩子因为缺乏目标带来的向上的动力，出现了标准不高、自我满足的现象。

3. 学习内容无规划

科学的规划是帮助孩子向上的“梯子”和“脚手架”。有了合理的规划，孩子学习的每一步就有章可循、有标可达，孩子会感到充实、踏实，在每一步完成之后，能够体会到收获感。如果安排随意，孩子会感到任务一个一个向自己抛过来，自己只能被动接受，很难有积极性。

故事中妈妈的安排是随意的，她在轩轩完成作业之后，安排轩轩做数学练习。这出乎轩轩的预料，也打乱了轩轩的计划，因此造成了轩轩的不满。

4. 社会知识不丰富

这里所说的社会知识，泛指校园之外的社会情况，尤其是关于孩子的学业、就业、事业等发展的情况。随着孩子的成长，他们对社会情况的了解应该不断加深和拓宽，逐渐对自己的未来有规划和期待，明晰自己的目标和责任，并以此指导当下的学习和生活。

故事中妈妈问轩轩："你不想考好大学吗？"轩轩回答道："我不想考虑那么多。"说明轩轩的社会认知比较有限，拒绝考虑长远的未来，因而只关注当下，满足于当下。

从上面的案例可以看出，轩轩一直在妈妈的安排下学习而产生厌倦心理，选择"躺平"，究其原因，是孩子内驱力不足，没有前进的动力。

威廉·巴特勒·叶芝说："教育不是注满一桶水，而是点燃一把火。"我们要做的事情，就是要像点燃一把火那样，激发孩子的内驱力，让孩子去发现、去创造。

那什么是内驱力？从科学上说，内驱力是在需要的基础上产生的一种内部唤醒状态或紧张状态，表现为推动有机体活动以达到满足需要的内部动力。简单地说，内驱力就是让孩子内心有需求、有动力，主动去做事情的力量。人们常说："鸡蛋，从外打破是食物，从内打破是生命。"这就是内驱力的作用。

对孩子说

1. 树立目标

目标是激发内驱力的重要因素。目标能为自己指明方向，让自己产生实现目标的动力。这就如大海中的航船，需要灯塔的指引，我们向着目标前进，脚步会更加坚定，就如汪国真的诗中所说："既然目标是地平线，留给世界的只能是背影。"

目标分为长期目标和近期目标。长期目标可以是：你想从事什么工作？你喜欢哪所大学？你想学习哪个专业？长期目标是一种走向和期许，让自己因憧憬而产生追求的力量。短期目标则包括你想在期末考试时达到什么水平？你想为哪门科目做什么程度的准备？甚至是你今天准备在写完作业后让自己在哪些方面再有突破？短期目标一定要具体，实施性强，让自己在实现每个小目标中产生前进的动力。

在故事中，轩轩如果先制订今天的学习小目标，踏实完成，学习效果会好得多。

2. 培养好习惯

马克思说："良好的习惯是一辆舒适的四架马车，坐上它，你将跑得更快。"我们养成了好习惯，学习动力会更加充足。

首先养成"任务排序"的习惯。将任务按照所需时间、重要程度进行排序，在完成任务的过程中做到心中有安排，手中有落实。

养成"今日事，今日毕"的习惯。将今天应该完成的任务整理好，为每一件完成的任务打钩，直到任务全部完成。

养成对自己说“我还能做得更好”的习惯。这种积极的心理暗示，可以启发我们思考，以更高的要求完成学习任务，同时让我们相信自己的能力，主动去追求更好的效果。

3. 展开小竞争

竞争能激发个人的主动性、积极性，提高学习效率，竞争还能让班级学习氛围更加浓厚，学习生活更加多彩。我们可以和班里的同学展开竞争，在竞争中相互促进。但要注意的是，我们是积极、公平的竞争，目的在于让竞争激发动力，并在其过程中取长补短，相互学习。我们要避免恶性竞争所带来的过多心理压力和情绪波动。

4. 向榜样学习

有多少英雄人物、科学家、实业家，他们以国家发展、民族富强为己任，拼搏奋斗，勇于奉献，为我们创造了安定和谐的生活。作为祖国的未来，我们肩负着建设国家的使命和责任。我们要阅读他们的书籍，学习他们的事迹，从他们的故事中汲取正能量，激励自己不断进步。

第三节　孩子不遵守约定？先要学会立规矩

社会主义核心价值观的个人层面的内容为：爱国、敬业、诚信、友善。可见诚信在社会中、在为人处事中的重要意义。

不遵守约定是不诚信的表现之一，是孩子成长过程中的不良习惯。如何帮助孩子成为守承诺、有诚信的人呢？

案例故事

几天了，家里都特别安静，这种安静是压抑的安静，是大战随时可能爆发、充满火药味的安静。天天与家长冷战好几天了。

此时的他歪躺在床上，手里拿着手机，“专心致志”地玩游戏。妈妈走进他的房间，他没有做任何反应。妈妈想，要是他把玩游戏的专心放到学习上面，哪怕是一小段时间，考试也不至于是这个结果。

事情要从一个月前说起。

临近考试了，天天在复习功课，但是天天复习得并不认真。他一会儿到客厅吃点儿水果，说是要补充水分，一会儿给同学发信息，有时虽然坐在那里，妈妈也看得出来，他根本就没有专心复习。

天天的成绩在班级里是中等偏下的位置。老师也多次和妈妈聊起来，天天要是专心些、努力些，一定能够有大的进步。但是看眼下的情况，天天并没有改变的迹象。妈妈很着急，和爸爸商量办法。

爸爸说：“前几天，天天说他特别想换一下自行车，要不咱们以这件事来激励他？”

妈妈有了一种绝处逢生的感觉。天天特别喜欢骑车，除了上下学骑车，他还在周末、假期和同学一起骑车出去玩，家里的自行车是他的好伙伴。不过，随着他长大，现在的那辆车对他来说有些小了，款式也不时尚，功能也不那么先进。他们也在计划为天天换一辆自行车，现在天天主动提出来，家长以此来激励他，不是很好吗？

妈妈走进天天的房间，说道：“天天，你是不是想换一辆自行车？”

“是的。”

“你这次考好了，就给你换一辆。”

“怎么才算考好了呢？”天天并没有妈妈期待中的兴奋，反而表情平静，追问了一个问题。

妈妈想到，要是目标定得高一些，不就对天天的激励作用更大嘛。于是说道：“每科都在 90 分以上吧。”

天天立刻反驳：“那怎么可能！不就是想说不给我换车嘛！”

“也不是这样，”妈妈解释道，“你先努力，考完咱商量啊。”

“那么如果你比上次退步了，你怎么办呢？”妈妈半开玩笑地问道。

“那我刷碗三天吧。”天天回答得很快。

考试结果出来了。

当天天回到家里的时候，从他阴沉紧绷的表情中，妈妈就知道了结果。

妈妈说：“天天，你从今天开始刷碗呗？”

天天一扭头：“我才不刷呢！”

“你不是说，你要是考试退步了，就要为家里刷碗三天吗？”

“我有退步，那也不怨我呀！这次考试的题，就是比上次难多了！”

“可是班上的同学都是一起答题呀，又不是给你自己单独设题。”

“我就是复习得稍微差一点儿！题要是容易点儿，我肯定考得好！”天天不认为自己退步了，和妈妈辩解：“我复习的内容，根本就没有考到！考的内容恰好是我没有复习的！”

“那只能说明你复习得不全面！”妈妈有些不高兴。

接下来天天的话让妈妈更生气了。他说：“咱们什么时候去买自行车？”

“天天，咱们不是说好了吗？成绩达到标准，才给你买自行车，对不对？”

“上次您还说周末带我去吃自助餐，不是也没有去吗！您也要考虑我的情况呀！这次考试，题目都特别难，班上都没有几个得 90 分以上的呢！”天天走回了自己的房间。

妈妈坐在沙发上，心情郁闷。天天考试成绩没有达到预期的标准，已经让她失望，更让她失望的是，天天根本不遵守他们的约定。

爸爸回来了。妈妈和爸爸复述了和天天的对话，两个人陷入了沉思……

对家长说

在生活中，遵守约定的人通常会被认为是值得信赖的人。他们的信誉和声誉都很好，交朋友，做生意，他们都是可靠的伙伴。他们能够赢得他人的尊重，是受欢迎的人。如果一个人不遵守约定，会被认为是缺少诚信的人，是不可靠的人，这会影响他们与朋友的关系和做事的顺利程度。朋友不信任他们，远离他们，怎么会一起合作呢？

很多父母都被这个问题困扰，即孩子不遵守约定。

孩子本来和父母达成约定，可以玩游戏 20 分钟，然后写作业，但是到了 20 分钟，孩子根本放不下游戏，而是找各种理由拖延。

时间和地点已经约好了，父母到了之后，孩子却还在别处和朋友聊天，没有到达指定地点。

孩子的这些行为会令父母非常气恼。试想在学校里，他不遵守和老师、同学的约定，一定会给师生、同学关系带来阻碍，影响学习。试想他步入社会后，与人交往时、与客户做生意时随意破坏约定，那一定也会影响他的发展。不遵守约定，看起来只是孩子生活中的小事，但是，如果不及时纠正和教育，任其发展，便会带来严重的后果。

我们先来分析孩子这种行为背后的心理和原因。

1. 父母不遵守约定

父母是孩子的老师，父母的行为时时刻刻在向孩子传达着信息。当父母与孩子约定，例如周日一起去公园、孩子作业完成后陪他一起去运动等，但是在实施的时候，父母由于某些原因取消了约定，却没有给孩子合理的解释，也没能取得孩子的理解和原谅，那么孩子就会认为约定是没有效力的，是可以随时改变或取消的。当自己与别人约定时，也不会用约定来约束自己。

在上面的故事中，天天提到了妈妈曾经破坏约定的事情，就是在告诉妈妈：你们可以破坏约定，我也可以。这是父母未能遵守约定造成孩子也不遵守约定的典型例子。

2. 父母态度不坚决

父母和孩子做了约定，孩子却没有遵守约定的时间，父母没有拿出明确的态度来告诉孩子这样是不对的。有时候，父母过于关注孩子的感受，认为没有带来严重后果的情况下，可以选择对约定漠视；还有时候，父母会为孩子找一些借口，如“他只是忘了，他下次就不会这样了”，从而选择理解孩子。久而久之，孩子会找借口拒绝履行约定，认为破坏约定是正常的。

3. 制订约定很随意

很多时候，父母和孩子做约定是随机的，缺乏细致认真的分析和考虑。执行过程中就会有争议，造成约定力度的削弱。

在上面的故事中，天天和妈妈做了“每科都要在 90 分以上，就购买自行车”的约定，但是他们没有考虑到试题的难易程度，所以在执行的时候，孩子说试题太难，几乎所有人都没有能在 90 分以上，那么，这个约定执行起来就比较困难。

针对以上这些情况，我们怎么做才能遵守约定，承担责任，成为有诚信的人呢？让我们和孩子共同学习一下。

对孩子说

1. 认识约定的意义

约定带来的是压力吗？不是，共同遵守约定，是让事情更顺利、合作更融洽的基础。有个心理学家做过一个实验：那就是在一片空地上，在没有家长的时候，一些比较小的孩子只在空地的中间玩，他们不敢到远一点的地方去；当用一个篱笆把整个空地都圈起来的时候，孩子会在篱笆里面四处奔跑，玩的范围扩大了很多。可以这样理解，篱笆就是大家玩的范围的清晰约定。有了这个约定，孩子们玩起来会更放松。所以，主动遵守约定，才会有更多的自由和快乐。

2. 坚持明确的态度

什么是约定？约定就是商量并确定。一般指某人许下诺言在一定的时间内实现某事。从自己做起，从现在做起，对商量好、确定好的事情，要认真地完成。不要认为自己年纪小，不遵守约定没有关系；也不要因为任务多，认为不遵守约定理所应当。如果迫不得已，必须破坏约定，那一定要向对方做出解释和道歉，并积极提出补救的措施。尊重约定，尊重对方，让约定成为促进行动力的保障。

3. 要做负责任的约定

不要随意做约定。在做约定之前，要对约定的内容、可能的效果做充分的预估，以保证约定的有效性和可实施性。约定的内容如果适合事情的发展，它将会对事情有推动作用，反之则会让事情难以实现。

尤其在学习中，我们要和父母、老师、同学做对自己有激励意义的约定。约定的内容让自己“跳一跳”就可以达到，例如，和老师约定“下次考试总分一定要进步”，和父母约定“提前10分钟完成作业”等，然后通过努力实现约定，成为别人眼中言而有信的人。

4. 期待实现约定的幸福

约定达成之后，对自己和对方进行鼓励和表扬，从遵守约定中感到被肯定和认可。例如，能够按时在约定的地方等待父母，每周和同学约好户外打球，和自己约定顺利完成当天的学习任务就去踢足球半小时等。当约定顺利达成时，要对自己和朋友说“我们好棒”！这就是实现约定的快乐，这种快乐能让我们自信，让我们有更大的进步。

第四节　孩子总担心失败？让自信成为前进的小马达

人生的道路上，我们会面对许多困难和挑战。自我怀疑会让我们退缩、逃避、远离成功。自信是优秀的学习品质，是一种不屈不挠的精神，是积极乐观的态度和不轻易放弃的意志。自信是前进路上的小马达，让孩子敢于面对新的问题和挑战，有强大的驱动力走向成功。那么，如何培养孩子的自信呢?

案例故事

当诗晓收到老师的信息，要推荐她进行年级英语演讲比赛的时候，她内心是拒绝的。但她犹豫了好久才给老师回复信息："对不起，老师，我不能去，您把机会留给其他同学吧。"虽然想到老师会很失望、很生气，但她还是选择不去。

诗晓会拒绝这个机会，老师其实是有一些预感的。因为诗晓在班里总是安静的、沉默不语的，甚至如果不是特意去关注她，都感觉不到她的存在。

但她的英语成绩在班上名列前茅。她总是自己默默做阅读，默默背单词，课上从不主动回答问题，但考试成绩总能让同学们惊讶。诗晓的口语也很好，当回答问题时，虽然她的声音很小，但很标准地道。

诗晓太害羞了。在小组进行节目表演时，她总是负责制作 PPT，台上几乎看不到她的身影。她还拒绝了物理实验现场的展示活动，所以拒绝英语演讲也在意料之中。

但是，放弃这么好的机会很可惜。老师将信息发给妈妈，希望她能一起动员诗晓参加比赛。

妈妈坐到诗晓身边，诗晓正在认真写作业。

"晓晓，老师推荐你参加英语演讲比赛，你怎么不去？"

"妈妈，我不想去。因为我英语不行。"

"你英语很好的呀，孩子，你试一试吧！"

"妈妈，我担心他们又要笑话我了。"

妈妈想起了诗晓在小学的一件事情。诗晓从小就很害羞、安静又乖巧。某次班里排练舞蹈，经过各种劝说，诗晓同意加入进去和同学们一起排练，过程还是很顺利的。

到了演出的那一天，诗晓特别紧张。妈妈握着她的手，她的小手凉凉的，还有些颤抖。妈妈说："没事的，肯定会好的，别紧张哈！"

演出开始了。开始的表演非常顺利，可是，就在转换队形的时候，诗晓的队伍应该向右转然后散开，可是诗晓却向左转，和向左转的另一支队伍里的同学撞在了一起。这个突如其来的事件让观看的同学和老师笑了起来，诗晓听到笑声，并没有调转方向，而是跑向了后台。

妈妈跑去后台，接她走出了大厅。诗晓趴在妈妈的肩膀上，哭了起来。

"妈妈，我就觉得自己做不好，还真是做不好！"

"孩子，你就是太紧张了，没有关系的。大家都有出错的时候。"

"老师肯定会批评我的，同学们还会笑话我……"诗晓哭得特别伤心。

演出虽然结束了，可是这次失误给诗晓带来的恐惧一直在延续。她拒绝上台表演，不喜欢当众朗诵。当劝说她接受机会时，她总是说："我不行，我真的不行。让别人来完成吧。"包括在考试、竞赛中，即使她做了充分的准备，她依然会认为自己不行，一定会失败的。她像一只小乌龟，稍有风吹草动，立刻把自己缩进壳子里。

对家长说

从故事中可以看出，诗晓是一位不自信的小姑娘，她不相信自己的能力，拒绝接受新的挑战，这令家长很无奈。学习是需要一股冲劲儿的！担心、恐惧、自我怀疑，会让孩子在学习过程中优柔寡断、犹豫不决，影响孩子学习的进步。

我们先了解一下，孩子不自信的原因有哪些？

1. 儿时的影响

有的孩子有儿时失败的经历，并因此受到别人的嘲笑、父母的指责等，这些会在他的心里留下阴影，影响他对自己的认知，降低他的自我价值感，让他觉得自己不够好，不值得被尊重和认可，导致他缺乏自信。故事中诗晓的不自信部分就是来自这个原因。

2. 过于追求完美

有的孩子对自己的期望过高，不允许自己犯错误，不能接受自己出现失误。但是，学习、生活中的失误总是无法避免的，此时孩子的自我期望就会达不到标准，所以，孩子会对自己失望，产生自我怀疑。

3. 脆弱和自卑

有些孩子比较内向、敏感，他们容易被外界的负面评价和挫折打击，会觉得自己“技不如人”，所以“羞于见人”。故事中的诗晓，也存在着这样的性格特点。

4. 环境影响

如果他所处的环境竞争特别激烈，人际关系紧张，而自己展示成果的机会较少，这个人就很容易丧失自信心。反之，如果一个人身处环境比较轻松，总能获得认可和称赞，那么他就会更有动力和信心去面对挑战和困难。

培养孩子的自信心，家长该怎么做呢？

1. 多给予孩子肯定和表扬

不自信的孩子，往往自我认同感、自我价值感较低。家长要多去发现孩子的长处、优点，及时给予肯定和表扬，帮助孩子发现自身的价值和优势。例如，有的孩子会画画，有的孩子善于思考，还有的孩子自控力特别强，这些优点有时会被掩盖在他们安静的外表之下。当家长以肯定的语气告诉孩子他们的长处，并不时地进行强化的时候，孩子就会对自己形成积极的认知，从而改变对自己的看法。

2. 为孩子创造宽松的成长环境

不自信的孩子容易过度担心行为的后果，严肃、紧张的环境会让不自信的孩子无所适从，担心自己会出错。所以，家长要创造宽松的环境，缓解孩子的紧张情绪。

首先，家里的环境布置要温馨，可以摆放家庭的合影，孩子旅游的照片，孩子喜欢的植物等，增加孩子安全感、归属感。

其次，父母的沟通方式要温和。在肯定孩子优点的同时，允许孩子犯错误。当孩子出现错误时，肯定其正确之处，指导其不足之处，给予孩子足够的支持。

最后，家庭活动设计要温暖。鼓励孩子设计家庭活动，如庆祝生日，庆祝纪念日，为爷爷奶奶送礼物，主持家庭会议等，在温暖的活动中让孩子享受被需要的感觉，增加自信。

3. 给孩子决定权

有的父母容易为孩子包办生活，越俎代庖，导致孩子越来越依赖父母，不相信自己。所以家长要给孩子权利，让孩子做出自己的选择，并为自己的选择负责任。给孩子权利，不是撒手不管，听之任之，而是要启发、引导，让孩子意识到事情的意义，分析自己的能力，在经过权衡之后，做出自己的选择。例如故事的开始，老师希望诗晓参加演讲比赛。父母可以和诗晓一起分析：

（1）比赛的要求是什么？

（2）你的英语水平是否能达到要求？

（3）成功和失败的后果是什么？

（4）为了避免失败，我们可以做些什么？

在认真评估之后，如果发现自己水平可以胜任，比赛要求可以达到，成功和失败的后果可以预测，并且做了充分准备可以减少失误，那么就可以报名参赛。这样就避免了因一句“我不行”而轻易放弃机会。

对孩子说

1. 努力提升自己

台上一分钟，台下十年功。我们要肯吃苦，坚持不懈，修炼自己的基本功，丰富自己的知识底蕴，提升技巧和能力。知识和能力是我们自信的底气。

我国有一种竹子，4 年只生长 3 厘米，但是在第 5 年之后，就会开始每天以 30 厘米的速度疯狂生长，仅仅用 7 周时间就可以长到 15 米高。因为在这之前的四年里，竹子的根系在土壤里延伸扎根，一直在给自己将来“一飞冲天”做准备。

我们不断拼搏努力，战胜困难的过程，就像竹子扎根一样，或许一开始别人注意不到，但是日积月累，就会让我们产生质的飞跃，所以，要相信自己，不断提升自己。

2. 客观了解自己

认清自己的优势和弱点，正确评估自己的能力，这能够让我们头脑清晰，做事不盲目，也能帮助我们采取适当的方法面对挑战。要尽量摆脱情绪的控制，客观看待自己，理智做决定。例如，诗晓有能力参加英语演讲比赛，不要用“担心、害怕”来干扰自己的决定。

3. 主动突破自己

不自信的孩子要经常告诉自己“我能行”，打破自己的壁垒，去做一些个性之外的事，如在上课时大声表达自己的观点，在选择时迅速做决定，主动与他人打招呼，等等，让自己和别人都看到惊喜。

4. 读书激励自己

多读正能量、积极向上的书籍，丰富自己的内心世界，也是帮助自己建立自信的好方法。《在教室说错了没关系》《我要更自信》《演讲的秘密》等书籍，都是在告诉我们，敢于尝试，大胆挑战，相信自己能成功。让我们在阅读中得到启迪，逐渐成长为有自信的人。

第五节　孩子和父母之间缺少信任？一定要坦诚沟通

信任具有无穷的力量。信任可以让人们学习动力更足，效率更高；信任可以让人们情绪更积极，热情更高涨；信任可以让人们沟通更顺畅，合作更愉快。

在孩子成长过程中，经常会出现孩子和父母互不信任的情况，导致孩子学习心绪不宁，家长伤心失望，家庭关系不和谐。

这是可以通过努力改善的。

案例故事

期末考试要到了，妈妈说：“小明，你这次的成绩要是有进步的话，暑假我就带你出去旅游。”妈妈期待着小明兴奋地说谢谢，可是，小明脸上一片淡然，走进了屋里。

“你怎么能这样？”妈妈特别失望，走进了小明的房间。

“你可太不理解我了！我主动计划旅行，要带你出去，可是你呢，一点感谢都没有！太令我失望了！”妈妈的声音中带有愤怒。

“我有什么可高兴的，”小明开始说话，“您说话算话吗！”

小明接着说：“我三年级的时候，您就答应我，考好了带我出去旅游，我非常努力地准备考试，的确取得了好成绩，可是，您说您工作太多，不能请假，您答应我的旅行要向后推一下，您就再也不提这件事情了。您都忘了吧？现在您又说，我能相信吗？”

妈妈忽然想起来是有这样的事情。当时就想给孩子一个盼头，答应他去旅游。可是到假期的时候，工作太多就给忘了。“不就那么一次嘛！能让这件事过去吗？”妈妈想把那件事情结束一下。

“那次，我和您说，班里的一位同学偷偷带了两个手机到学校，一个放在班里的手机箱，大家共同保存，一个放在抽屉里，下课的时候翻看。我是否告诉过您不要告诉别人？”

“是呀！”妈妈想起了那件事情。

“可是，您告诉了我们老师！我们老师在班上说了这件事情，还专门在课间进班检查学生的手机，就把那个同学的手机收走了。”

“我不是为了帮助那位同学，让你们班的学习风气更好嘛！”

“可是，因为那位同学总是怀疑是我告的密，和我都疏远了！”

“还有，”小明接着说，“那次您是不是翻看了我的书包？我书包里的几张小卡片没有了，是被您拿走了吗？”

“是呀，我看你书包不整齐，就想帮你整理一下。那些小卡片会让你学习分心的，所以我就拿了出来。”

“我寻找卡片的时候，您说没有看见。那天，我看到那几张卡片就在您书桌上的书本下压着呢。妈妈，我怎么能相信您呢！您也不信任我吧！”

妈妈走回了房间，陷入了沉思。她回想这些事情，它们的确发生过。她忽然意识到，小明已经好长时间没有和她好好聊天了。小明在家里变得很沉默，即使妈妈提出各种安排，他也只是平静地回应。妈妈以为是小明变得成熟了、懂事了，原来，在他的心里积压了这么多的事情，他对妈妈已经不信任了。

怎么办？妈妈有些不知所措。

小明说完那些话，心里更加气恼。他不知道怎么办才好，只能保持沉默。

他知道妈妈是世界上最亲近的人，妈妈的一些行为也是出于对自己的关心和爱护。可是，他的心里就是有个大疙瘩。这个大疙瘩将许多想法拧在一起，也压得他喘不过气来，也正是这个大疙瘩，横在了自己和妈妈之间，让他远离妈妈。有许多事情，他想和妈妈分享，可是，一想到妈妈可能的反应，嘴上答应了自己却能随时变卦，他就不敢和妈妈说了；有许多事情，他想请妈妈出主意，又担心妈妈告诉老师，把事情扩大化，就不敢向妈妈寻求建议了。

对家长说

父母应该是孩子最亲近的人，也是最值得信任的人。但是，在生活中，越来越多的孩子不信任自己的父母。他们不愿意把成长中的烦恼向家长倾诉，有时宁愿告诉同学，或者自己冥思苦想。这种心理负担，会影响孩子的学习，造成孩子的分心，而且，这也是家长非常困扰的事情。我们先来分析一下，是什么原因让家长失去了孩子的信任呢？

1. 家长不遵守承诺

许多父母，由于各种各样的原因，会出现“说话不算数”的现象，许多父母不重视破坏承诺给孩子造成的影响，轻易地给孩子做出承诺，以为这样可以调动孩子的积极性，却不知如果承诺没能实现，孩子会失望和不满。因为父母无意间做出的每一个承诺，都让孩子们充满了期待。当父母破坏他们的承诺时，他们实际上破坏了孩子对他们的信任。每一次承诺的破坏对父母来说都是微不足道的，但对孩子来说，是在对这个世界逐渐失去信心和信任，不再信任他们的父母。

2. 家长不关心孩子的心理需求

其实孩子们最希望父母能了解他们，了解他们的兴趣爱好、喜怒哀乐，并给予他们支持和帮助。可是很多家长不理解这些，把全部的目光都盯在孩子的成绩或是生活起居上。就如文中的故事，小明和妈妈分享手机的事情，是自己和同学的小秘密，但是妈妈立刻认为这是破坏班级学习氛围的事，并告诉了老师，小明就会因为对妈妈失望而不再进行分享。还有的家长，一旦孩子成绩下降，就横加指责。殊不知，如果孩子学习成绩下降，一般是在心理上出现了某种困惑，比如学习遇到了困难、自信心受挫等，这个时候孩子最需要家长的帮助与理解。而有些家长一看到孩子成绩不好就指责孩子贪玩不用功。这些做法很容易让孩子对家长产生憎恨心理，认为家长不关心自己，慢慢地，孩子和家长就会越来越疏远，并逐渐失去对家长的信任。

家长言行要一致。家长要给孩子树立守信的榜样，身教重于言教。曾子杀猪的故事就是典范。曾子的妻子要出门，孩子非要跟去不可，她就哄孩子说：“如果你留在家里的话，回来就杀小猪给你吃。”曾子知道后，果真把小猪杀了，很严肃地对妻子说：“在孩子面前一定要守信，说到做到，这样孩子才会信任父母。”

故事中小明的家长也应如此。如果答应了孩子，成绩进步就去旅游，那么在孩子通过自己的努力达成目标之后，家长就要安排旅游。在这里还要强调对事情的预见性和承诺的可实施性，即父母在做出承诺前，一定要考虑自己的情况，如果孩子的目标达成，家长能否履行承诺，不做实现不了的承诺。家长在做承诺时，一定要谨慎，不可随意许诺。

家长对孩子既要有严格的要求，又要能理解、尊重、信任孩子。平时除了关心孩子的生活外，家长要多了解孩子的所思所想、所需所求，要把孩子放在与自己平等的地位，不要总认为孩子还不懂事、不记事，许了承诺不兑现也没有关系。家长要让孩子得到爱、尊重、理解和信任，反过来他们也会尊敬、信任父母。

在小明的故事中，妈妈翻看小明的书包，令小明非常反感，他感觉是家长对自己的不信任，故意寻找自己不好好学习的证据。其实，家长可以和孩子提前说明整理书包的用意，也可以鼓励孩子自己收拾书包，清理影响自己学习的用品，那么孩子和家长的隔阂就不会产生。家长只有走进孩子的心里，才能够真正领会孩子的真实想法，取得孩子的信任。

家长要为孩子树立榜样。我们再讲一个故事：

商鞅立木为信是战国时期发生在秦国国都的一个事件，也是历史上著名的关于诚实守信的故事。战国时，商鞅在秦孝公的支持下主持变法。当时处于战争频繁、人心惶惶之际，为了推进改革，商鞅下令在都城南门外立一根三丈长的木头，并当众许下诺言：谁能把这根木头搬到北门，赏金十两。但所有民众都不信，直到将赏金提升至五十金时，才有一壮士将木头搬到了北门，商鞅如约赏给了他五十金。商鞅这一举动，取得了民众的信任，并在百姓心中树立起了威信，而商鞅接下来的变法就很快在秦国推广开了，这个故事也被称为“商鞅立信”。

我们的家长，如果要取得孩子的信任，就要学习商鞅立木为信的做法，为孩子做表率，言必行，行必果，做一个守信的人。家长的做法也会影响孩子的行为，让孩子不纠结、不怀疑，坦然面对事情，他们的学习、生活就会少走弯路，多些成功的机会。

那么，父母和孩子之间如何才能建立相互信任的关系呢？

对孩子说

1. 让沟通成为常态

良好的沟通和交流是相互信任的关键。作为孩子，我们要经常和父母沟通学校的情况，交流我们的思想，并倾听父母的建议和想法。沟通的方式有很多种：（1）在家随时沟通。在和父母一起做饭、择菜、收拾房间的时候，用聊天的方式和父母沟通。（2）确定一个小仪式。每周定期一起用餐，或按期确定一个固定时间沟通想法。（3）召开家庭会议，在会议中畅谈观点和想法。（4）文字沟通。孩子和父母相互写信，表达观点、祝福、感谢等，比语言沟通效果更好！

在沟通中，我们的态度要开放、坦诚。尤其是自己有错误时，更要坦诚面对，求得家长的谅解和更多的指导。

2. 尊重父母的观点

在沟通交流的过程中，有时经常会发生与父母观点不一致的情况。首先，要尊重父母的观点，他们的观点往往是为了我们的利益和发展着想。然后平和地说出自己的观点，请家长指导，在谦虚和尊重中建立相互信任的关系。不可情绪化，急于否定父母的观点，使得家庭关系紧张。

3. 关心父母生活细节

建立信任关系，要让父母感受到来自我们的关心。父母有哪些需求、烦恼？我们能帮他们做些什么？在此过程中，行动胜于语言，父母会在我们的行动中感到温暖，感到我们值得信任的好品质。在细节中关心父母，是促进相互信任的好方法。

4. 做一个言而有信的人

不要轻易许诺，尤其在知道事情不会成功的情况下。有的孩子喜欢卖弄和炫耀，夸夸其谈却没有行动；还有的孩子，为了父母一时的高兴，而答应做到某件事情，到真正付诸行动的时候，却不能做到答应的事情，这样就会逐渐失去父母的信任，继而导致家庭矛盾。所以，一定要做一个言而有信的人，答应父母的事情，一定要做到。言必行，行必果，父母就会信任自己，同时，父母也会用同样的原则来要求自己，相互的信任才会产生美好的家庭关系，促进学习和生活。